Schöningh

Roswitha Riebisch und
Hubert Luszczynski

Typendiagnose – ein Schlüssel zur individuellen Förderung

Schüler und Lehrer im Spiegel ihrer Persönlichkeit

www.schoeningh-schulbuch.de
Schöningh Verlag, Jühenplatz 1–3, 33098 Paderborn

Druck 5 4 3 2 1 / Jahr 2014 13 12 11 10
Die letzte Zahl bezeichnet das Jahr dieses Druckes.

Umschlaggestaltung: Franz-Josef Domke, Hannover
Druck und Bindung: Media-Print Informationstechnologie GmbH, Paderborn

ISBN 978-3-14-023811-3

Inhaltsverzeichnis

Vorwort

Als Erstes ein wichtiger Hinweis zur Begriffsklärung: In der Pädagogik wird der Begriff **Lerntypen** in der Regel mit der eingeengten Definition von Frederic Vester in Verbindung gebracht. Wir dagegen benutzen den Ausdruck Lerntyp in seiner erweiterten Form als **Lernverhaltenstyp**. Das Lernverhalten von Schülern wird dabei empirisch, also durch Beobachten und Beschreiben, typisiert.

Wenn wir im Folgenden dennoch den Begriff „Lerntypen" verwenden, dann geschieht es in erster Linie deshalb, weil er im Alltag der Schule einen hohen Wiedererkennungswert hat.

Mit unserem Buch zeigen wir einen Weg auf, wie man als **Lehrer und als Lehrergruppe** jeden einzelnen Schüler

- besser kennenlernen,
- besser unterstützen oder fördern und dadurch auch
- seine Leistungen noch aussagekräftiger unter gezielter Berücksichtigung seiner individuellen Lernpotenziale beurteilen kann.

Auf diesem Weg begegnen wir auch Verhaltensmustern von uns Lehrern, die wir betrachten und daraufhin untersuchen wollen, wie sie auf unsere Schüler wirken. So stellen wir zunächst ein **Instrumentarium** vor, mit dessen Hilfe die verschiedenen **Schülerbegabungs- und -verhaltenstypen** Schritt für Schritt bestimmt werden können. Aus den Beschreibungen dieser unterschiedlichen Schülertypen leiten wir schließlich ein jeweils angemessenes und förderndes **Lehrerverhalten** ab, welches den individuellen Lernvoraussetzungen eines jeden Schülers ganz besonders gerecht wird. Außerdem liegen dem von uns vorgestellten diagnostischen Verfahren Beurteilungskriterien zugrunde, welche eine möglichst objektive Einschätzung eines jeden Schülers und seiner gesamten Persönlichkeit ermöglichen. Die Vorteile dieser Methode liegen daher sowohl in einer optimierten **Erstellung individueller Förderpläne** als auch in wesentlich zuverlässigeren Schullaufbahnempfehlungen.

Seite 106

Zur Erleichterung der Anwendung unseres Konzeptes im Schulalltag haben wir eine umfangreiche Liste leicht umsetzbarer **Tipps für methodische Vorgehensweisen** im Unterricht zusammengestellt. Sie orientiert sich an den unterschiedlichen Schülergrundtypen.

Auf den ersten Blick mag sich vielleicht das hier vorgestellte, diagnostische Instrumentarium als umfangreiche Mehrarbeit darstellen. Nach einer ersten Einarbeitung wird man darin jedoch eine erhebliche Zeitersparnis entdecken.

Seite 88

Wer aber wegen akuter Lernverhaltensprobleme eines Schülers besonders **schnelle Hilfe** benötigt, der findet in dem Kapitel „**Tipps für Eilige**" die dafür notwendigen Hinweise in einer **Kurzfassung**.

Im zweiten Teil unseres Buches geht es vorwiegend um die Lehrerpersönlichkeit. Durch die Bereitstellung eines **Thesenkatalogs zur Selbsteinschätzung** erhält jeder Interessierte die Möglichkeit, seinem eigenen, individuellen Verhaltensmuster im Unterricht nachzuspüren und seine Wirkung auf die jeweilige Schülerpersönlichkeit zu betrachten.

Schulleitern gibt unser Buch Kriterien für eine harmonischere Zusammensetzung von Klassen und für eine noch angemessenere Lehrer-Klassen-Zuordnung an die Hand. Für **Dozenten** an Universitäten und Lehrerfortbildungsinstituten haben wir eine Vielzahl von Übersichtstabellen zusammengestellt, die die Arbeit mit unserem Buch erleichtert.

Kurz: Unser Buch möchte Lösungswege aufzeigen und zu einer vertieften Diskussion über eine Schulentwicklung anregen, die – ganz gleich, ob Lehrer oder Schüler – den Menschen in den Mittelpunkt stellt.

Roswitha Riebisch *Hubert Luszczynski*

Allgemeiner Hinweis: Die weiblichen Wortformen sind aus Gründen der Lesbarkeit im Buch nicht verwendet worden, wurden aber immer mitgedacht.

1 Einleitung und Hinführung zum Thema

Unser Schulalltag ist geprägt von großen Klassen und wachsenden Ansprüchen an die eigene Lehrerpersönlichkeit. Zusätzlich sieht sich jeder Lehrer mit einem vielfältigen Begabungs- und Leistungsunterschied innerhalb der einzelnen Klassen konfrontiert. Diese Tatsachen waren für uns die große Herausforderung.

Mit unserem Thema „Individuelle Förderung durch systematische Typendiagnose" wollen wir einen Weg aufzeigen, wie **trotz** höchster Anforderungen an uns Lehrer individuelle Förderung als zentrale pädagogische Herausforderung wirklich eine Chance hat und gemeistert werden kann.

Um in diesen Kernbereich unserer Betrachtungen und Lösungsansätze vorzustoßen, möchten wir von Bekanntem ausgehen und schrittweise in dieses neue Feld der bewussten, diagnostischen Wahrnehmung des individuellen Lernverhaltens von Schülern hineinführen.

Der von uns gewählte Weg über eine systematische Typendiagnostik hat einen ganz großen Vorteil: Er erweist sich –wie wir darstellen werden– als eine Art **pädagogisches Instrumentarium**, mit dessen Hilfe es möglich wird

1. jeden einzelnen Schüler genauer beobachten zu lernen und
2. Hinweise dafür zu erhalten, was besonders charakteristisch ist für sein Verhalten, Lernen, Wahrnehmen und Handeln.

Der Unterrichtsalltag in einer Klasse lehrt uns, dass es neben einem sehr persönlichen Umgang mit den Schülern auch einen kollegialen Umgang geben muss, wenn wir den Schülern wirklich beim Lernen helfen wollen. Oft gehen diesem kollegialen Umgangsstil intensive Besprechungen voraus, in denen man sich über Erziehungsgrundsätze einigt.
Für unsere Lerntypendiagnostik ist dieser organisatorische Rahmen einer Besprechung ebenfalls die ideale Ausgangsbasis für gemeinsames erfolgreiches Arbeiten. Wir nennen sie Kindbesprechungen, die vorzugsweise in Pädagogischen Dienstbesprechungen stattfinden. *(In einer „Konferenz" wäre es nicht möglich, vertrauliche Informationen über die einzelnen Schüler auszutauschen, da laut Konferenzordnung die Anwesenheit von Schülern und Eltern einer Klasse vorgesehen ist.)*

Seite 31

Mit diesen und weiteren Organisationsfragen werden wir uns ab Kapitel 3 näher beschäftigen. Jetzt wollen wir zuerst einmal zum Thema Lerntypen kommen. Der Typenbegriff ist in der Pädagogik nicht neu.

So unterschied Frederic Vester fünf große Lerntypengrundmuster[1] voneinander:

1. visueller Sehtyp
2. auditiver Hörtyp
3. haptischer Fühltyp
4. verbal-intellektueller Typ
5. Gesprächstyp

Ein guter und erfolgreicher Unterricht lebt davon, dass in methodisch-didaktischer Hinsicht alle fünf Typen angesprochen werden. Darüber hinaus hängen alle erfolgreichen Lernprozesse wesentlich davon ab, ob der Schüler über die richtige Unterrichtsmethode, also über den für ihn richtigen Eingangskanal, angesprochen wird. Umso wichtiger wird die Frage nach der richtigen Unterrichtsmethode natürlich dann, wenn man weiß, dass es noch differenziertere Betrachtungen mit weitaus mehr Typenunterscheidungen gibt. So spricht Howard Gardner[2] immerhin schon von neun Intelligenztypen, die es im Unterricht zu berücksichtigen gilt.

Für unsere Fragestellung kristallisieren sich mit den Schlüsselbegriffen **Lerntypengrundmuster** und **unterschiedliche Unterrichtsmethoden** zwei große Aspekte heraus, denen wir mithilfe der Typendiagnose besonders nachgehen wollen:

- Welche Methode ist für den individuellen Lernfortschritt eines Schülers ganz besonders geeignet? Oder umgekehrt:
- Welcher Schüler braucht welche Methode, um optimal lernen zu können?

  Als mindestens ebenso wichtig erscheinen uns auch die Fragen:

- Wie unterschiedlich sind denn eigentlich unsere Unterrichtsmethoden, die wir unseren Schülern anbieten?
- Welche weiteren Faktoren, wie z.B. die innere Haltung des Lehrers in Bezug auf den Schüler, sollten dabei unbedingt beachtet werden?

Denn eines ist natürlich klar: Lernstrategien sind keineswegs an Altersgruppen gebunden. Und das bedeutet: Unterschiedliche Lern- und Verhaltenstypen (oder: unterschiedliche Begabungs- und Persönlichkeitsprofile) gibt es nicht nur bei den Schülern, sondern selbstverständlich auch bei Lehrern.

---

[1] vgl. Vester, Frederic: Denken, Lernen, Vergessen, München 1999
[2] vgl. Gardner, Howard: Abschied vom IQ, Stuttgart 2005

Pädagogisch verwertbare Antworten auf diese Fragen finden wir in neurobiologischen Forschungsergebnissen:

1. Wegen der individuellen Ausdifferenzierung unseres Gehirns unterscheiden wir uns nicht nur in vier oder fünf Lerngrundmustern voneinander, sondern auch darin, dass jeder Mensch über ganz eigenständige Denk- und Verhaltensmuster verfügt – und zwar je nach individueller Genformation und äußeren Einflüssen.
2. Für die Verständigung zwischen Menschen ist es wichtig, dass ihre Denk- und Verhaltensmuster miteinander in Resonanz treten. Und das bedeutet: Wollen sie sich gut verstehen, müssen ihre Verhaltensmuster wesentliche Übereinstimmungen aufweisen.

Schülerpersönlichkeit und Lernerfolg

Für den Unterricht haben diese Erkenntnisse fast dramatisch weitreichende Konsequenzen, sie besagen nämlich Folgendes: Wenn der Schüler wirklich optimal lernen soll, dann muss die Methode, die ein Lehrer im Unterricht anwendet, mit dem Denkmuster des Schülers möglichst auf einer Wellenlänge liegen.

Betrachten wir unter diesen Voraussetzungen bestimmte Schüleraussagen, kommen wir zu einem neuen Verständnis ihrer eigentlichen Botschaften. Wenn also beispielsweise Max urteilt: „Mathe ist doof!“, dann sagt er nicht unbedingt etwas über das Fach Mathematik als solches aus, sondern er führt eher Beschwerde darüber, wie sein Lehrer Mathematik unterrichtet. D.h.: Es ist nicht länger nur das Fach, mit dem er nicht zurechtkommt, sondern es ist die Persönlichkeit seines Mathematiklehrers, die ihm den Zugang zum mathematischen Denken erschwert. So kann es sein, dass er sich vielleicht nicht angemessen von ihm angesprochen fühlt, d.h. seiner Persönlichkeit und seinem Lerntypus gemäß. Es fehlt ihm vielleicht der praktische Bezug; und er versteht darum möglicherweise die Erklärungsmuster seines Lehrers ebenso wenig wie seine typischen Abfragemuster in Leistungskontrollsituationen.
Verfolgen wir den Resonanzgedanken noch ein Stück weiter und beziehen ihn auf so auslesebetonte Urteile wie „begabt – unbegabt“ oder „guter – schlechter Schüler“, dann wird klar, dass es nicht in jedem Fall um eine eindeutige Aussage über einen Schüler in einem Unterrichtsfach geht, sondern dass solche Urteile oft nur mit einer relativen Übereinstimmung auf Lehrer- und auf Schülerseite zusammenhängen, die zwar im kommunikativen Austausch zutage treten, die aber auch auf der Beziehungsebene liegen können.

Bereits bis hierhin ergibt sich ein Fazit, das aufhorchen lässt und nicht ohne Konsequenzen für unser Verhalten als Lehrer gegenüber Schülern bleiben darf:

1. Lernerfolg und gute Schulleistungen sind nicht allein auf die Intelligenz des Einzelnen zurückzuführen.

2. Mit der mir jeweils eigenen Denkweise und Auffassungsgabe hängt es offensichtlich auch zusammen, welchen Unterrichtsstil ich als Lehrer bevorzuge, welches Erklärungsmuster ich vorwiegend anwende und welche Methoden ich vorzugsweise einsetze.
3. Lernerfolge sind immer dort gegeben, wo die jeweiligen Lehr- und Lernmuster weitestgehend zusammenpassen.

Angesichts dieser sensiblen Zusammenhänge, welche letztlich auch die Leistungs- und Verhaltensbeurteilung eines Schülers durch jeden seiner Lehrer beeinflussen, drängt sich noch eine ganz andere Frage auf: Wie kann es beispielsweise zwei Lehrern überhaupt gelingen, unabhängig voneinander zu einem übereinstimmenden Bild eines Schülers zu kommen?

Um noch deutlicher zu machen, was wir damit sagen wollen, hier noch ein anderes Beispiel:

Der Biologielehrer unterhält sich mit dem Deutsch- und Geschichtslehrer über den gemeinsamen Schüler Mathias, weil sich Mathias im Biologieunterricht sehr unbeständig verhält – mal gelangweilt, mal störend. Entsprechend sehen auch seine Leistungen aus. Für den Biologielehrer ist Mathias daher sowohl ein schlechter als auch ein fauler Schüler.
Der Deutsch- und Geschichtslehrer ist darüber sehr erstaunt, weil sich Mathias in seinem Unterricht als ein sehr begabter und leistungswilliger Schüler zeigt.

Ein und derselbe Schüler wird in seinen Lernverhalten also ganz unterschiedlich wahrgenommen. Mit welcher Beschreibung seines Lernverhaltens wird man Mathias aber wirklich gerecht? Oder: Auf welches Bild des Schülers Mathias werden sich die beiden Lehrer jetzt verständigen, wenn sie für ihn eine gutachterliche Stellungnahme schreiben müssten? Zugespitzt formuliert: Ist Mathias nun leistungswillig oder nicht?
Das Dilemma der beiden Lehrer wird damit sichtbar. Wie kommen wir aus diesem Dilemma heraus? Da die Wahrnehmung des Schülers durch den Biologielehrer nicht übereinstimmt mit der Wahrnehmung durch seinen Kollegen, stellt sich hier natürlich die Frage nach dem Wahrnehmungsstandpunkt und damit vor allem nach der Wahrnehmungsperspektive. Denn eines wird in dem Beispiel deutlich: Es muss ganz offensichtlich eine Beziehung bestehen zwischen dem Unterrichtsstil und der Reaktion des Schülers auf diesen Stil in seinem Lernverhalten.

Vor diesem Hintergrund können wir unsere bisherigen Aussagen nun zu zwei Hauptthesen verdichten:

- Die Persönlichkeitsstruktur des Lehrers entscheidet sehr maßgeblich über das Ausmaß des Lernerfolges seiner Schüler.

- Ein leistungsförderndes Lernklima ist immer dann gegeben, wenn Lehrer auf der Wellenlänge „senden“, die aufgrund übereinstimmender Resonanzen von dem Schüler optimal „empfangen“ werden kann.

Unser Alltagswissen kennt das hier beschriebene Phänomen sehr gut und hält dafür eine ganze Reihe von Redewendungen bereit, mit denen wir eine Typisierung unserer Zeitgenossen vornehmen und mit denen wir Wesensübereinstimmungen oder -unterschiede beschreiben. Wenn zwischen Kollegen „die Chemie stimmt“, dann erfreuen wir uns einer hohen Übereinstimmung am Arbeitsplatz; wenn wir mit jemandem nicht gut „Kirschen essen“ können, dann vertrauen wir ihm nicht. Mit anderen Worten: Mit wem wir gut umgehen können, der versteht uns und wir verstehen ihn, man könnte auch sagen: Beide sind bereit, voneinander zu lernen.

Da in meinen Klassen nicht nur Schüler sitzen, mit denen ich wesensverwandt bin, sondern auch solche, die meinem Wesen nicht entsprechen, verlangt mein Gerechtigkeitsanspruch nach einem Instrumentarium, durch das ich meine subjektive Ein- und Wertschätzung eines jeden Schülers überwinde und zu dem ich einen angemessenen, weil objektiveren, pädagogischen Zugang finde, welcher seinen Lernvoraussetzungen und Lernbedürfnissen entspricht. Es geht also nicht mehr länger nur um die Frage nach dem Lerntyp meines Schülers, sondern um Fragen wie:

Unterrichtsstil und Lehrerpersönlichkeit

- Wie entdecke ich meinen eigenen Lerntyp?
- Welcher Verhaltenstyp bin ich selbst?
- Wie kann ich den eigenen Lehr- und Unterrichtsstil durch eine objektive Brille betrachten?

Antworten auf diese Fragen fanden wir vor allem bei Vera Birkenbihl und David M. Noer. Während Vera Birkenbihl bei uns besonders bekannt wurde mit dem Buch „Stroh im Kopf?“ und als Beraterin verschiedener Industriezweige, ist David M. Noer u.a. geschäftsführender Inhaber einer Agentur für Unternehmensberatung und Personalentwicklung in Greensboro, North Carolina. Als Vorlage für unsere Überlegungen diente sein Buch: „Die vier Lerntypen. Reaktionen auf Veränderungen im Unternehmen“. Unsere besondere Herausforderung sahen wir nun darin, die für unser Thema relevanten Erkenntnisse der beiden Autoren aus dem Bereich des Wirtschaftsmanagements auf das Schulmanagement zu übertragen.

Eine der wichtigsten Aussagen der Neurobiologen lautet im Kern:
Bei den allermeisten Menschen wird vorzugsweise **eine** Gehirnhälfte eingesetzt, sodass alle Menschen in die eher Rechtshirnorientierten und die eher Linkshirnorientierten aufzuteilen sind. Vera Birkenbihl nimmt Bezug darauf, dass linkshirnorientierte Menschen andere Persönlichkeitsmerkmale aufweisen als rechtshirnorientierte. Welche Verhaltensausprägungen sich hieraus ergeben, das zeigt folgende Tabelle:

Linke Hemisphäre	Rechte Hemisphäre
Erzählen und Berichten	künstlerischer Ausdruck
Zuhören	Visualisierung
Aufgaben erledigen	kreative Eingebungen
Lesen	haptische Wahrnehmung
Abstraktion (Symbole)	Gefühl
Differenzierung von Details und Fakten	Ganzes Bild und räumliches Empfinden
Kurzzeitspeicher	Gedächtnis
Struktur	Chaos

Birkenbihl hat – freilich überzeichnet – herausgefunden: Ein überwiegend linkshirnorientierter Mensch kann bei günstigen Voraussetzungen ein hochkarätiger Spezialist, bei ungünstigen Voraussetzungen ein „Erbsenzähler" sein.
Einen überwiegend Rechtshirnorientierten erleben wir bei günstigen Voraussetzungen als einen höchst kreativen Zeitgenossen mit einem beachtlichen Wissensspektrum (z. B. Künstler, Wissenschaftler, Autor oder Lehrer), bei ungünstigen Voraussetzungen allerdings als einen „Hans-Dampf-in-allen-Gassen", der es auf keinem Gebiet wirklich zu etwas gebracht hat.[1]

Ordnet man diese unterschiedenen Persönlichkeitsmerkmale dem jeweils bevorzugten Führungsstil eines Lehrers, eines Schulleiters oder eines Schulrates zu, dann ergibt sich wiederum nach Birkenbihl Folgendes:
Ein linkshirniger Führungsstil neigt zum autoritären Verhalten und ist der eher rationalen Intelligenz des linkshemisphärisch betonten Menschen unterstellt. D.h., dass ein solcher Lehrer alles „im Griff" haben will. Zahlen, Fakten, Daten sind das, was für ihn zählen. Schüler erscheinen ihm notfalls austauschbar. Schlüsselwörter für sein Verhalten sind: Kontrolle, Sicherheit, aber auch ein leicht anzukratzendes Selbstwertgefühl.
Ein rechtshirniger Führungsstil zeichnet sich durch ein flexibles Verhalten aus. Hier kommt die sogenannte emotionale Intelligenz zum Einsatz. D. h., dass ein solcher Lehrer die unterschiedlichen Eigenarten seiner Schüler zu berücksichtigen weiß, um die jeweils am ehesten geeignete Aufgabe jedem Einzelnen zuordnen zu können. Schlüsselwörter sind hier: Freude und Spaß, aber mitunter auch Chaos und Unberechenbarkeit.

Wieder anhand eines Beispiels auf die Schule übertragen, bedeutet das: Wenn Anna in der 7. Klasse noch feststellt, Erdkunde sei „langweilig", aber dieses Fach am Ende

[1] Birkenbihl, Vera: Stroh im Kopf? Gebrauchsanleitung fürs Gehirn, Bergisch-Gladbach 1997 (an unsere pädagogischen Erfordernisse angepasst)

der 8. Klasse für das „beste Fach“ hält, dann liegt ein erster Grund für ihren Einschätzungswandel im Lehrerwechsel. D.h.: Sie kommt eigentlich nicht mit dem Fach, sondern mit der Persönlichkeit ihres ersten Erdkundelehrers nicht zurecht: Sie fühlt sich nicht von ihm angemessen, d.h. ihrer Persönlichkeit und ihrem Lerntyp gemäß, angesprochen. Denn, wie wir nun wissen: Der jeweilige Unterrichtsstil ist auch Ausdruck der Lehrerpersönlichkeit.

Auf den für jeden Schüler so entscheidenden Zusammenhang von Unterrichtsstil und Lernerfolg machte das Psychologenehepaar Tausch aufmerksam. Dazu greifen sie auf zwei für den langfristigen Lernerfolg entscheidende Unterrichtsdimensionen zurück: Die **Lenkungsintensität** des Lehrers und die **Ausprägung der Emotionalität** des Lehrers. Hieraus ergaben sich u. a. folgende Ergebnisse:

1. Bei rund 80% der Lehrer findet Unterricht stark strukturiert und gelenkt statt. Emotional wirken sie eher distanziert. Mit einem solchen leistungs- und sachorientierten Ansatz werden in erster Linie linkshemisphärische Schülertypen erreicht – also jene Schüler, die wie ihr Lehrer im rationalen Denken zu Hause sind.
2. Dagegen wird es ein solcher Lehrertyp schwer haben mit einer Schülergruppe, die gern handlungsorientiert lernt und arbeitet. Diesen Schülern wird ihr Lehrer als linkshemisphärisch orientierte Persönlichkeit eher ein Dorn im Auge sein, bzw. wird ein solcher Lehrer das Verhalten seiner Schüler entweder falsch deuten oder damit kaum etwas anfangen können. Denn in der Regel werden sich diese Schüler wegen des für sie unverständlichen, abstrakt-verbalen Niveaus der Lehrerausführungen „rächen“ und versuchen, durch Störungen seine Anforderungen zu unterlaufen.

Zusammenfassend kommen Tausch und Tausch zu dem Schluss: Grundsätzlich ist kein Unterrichtsstil dem anderen vorzuziehen, weil jeder in einer Klasse von unterschiedlichen Schülerindividualitäten auch seine vorübergehende Berechtigung hat. Der Lehrer sollte jedoch in der Lage sein, zwischen allen Unterrichtsstilen flexibel – je nach Schüler und Sachnotwendigkeit – zu wechseln.

Zusammenwirken verschiedener Unterrichtsstile[1]

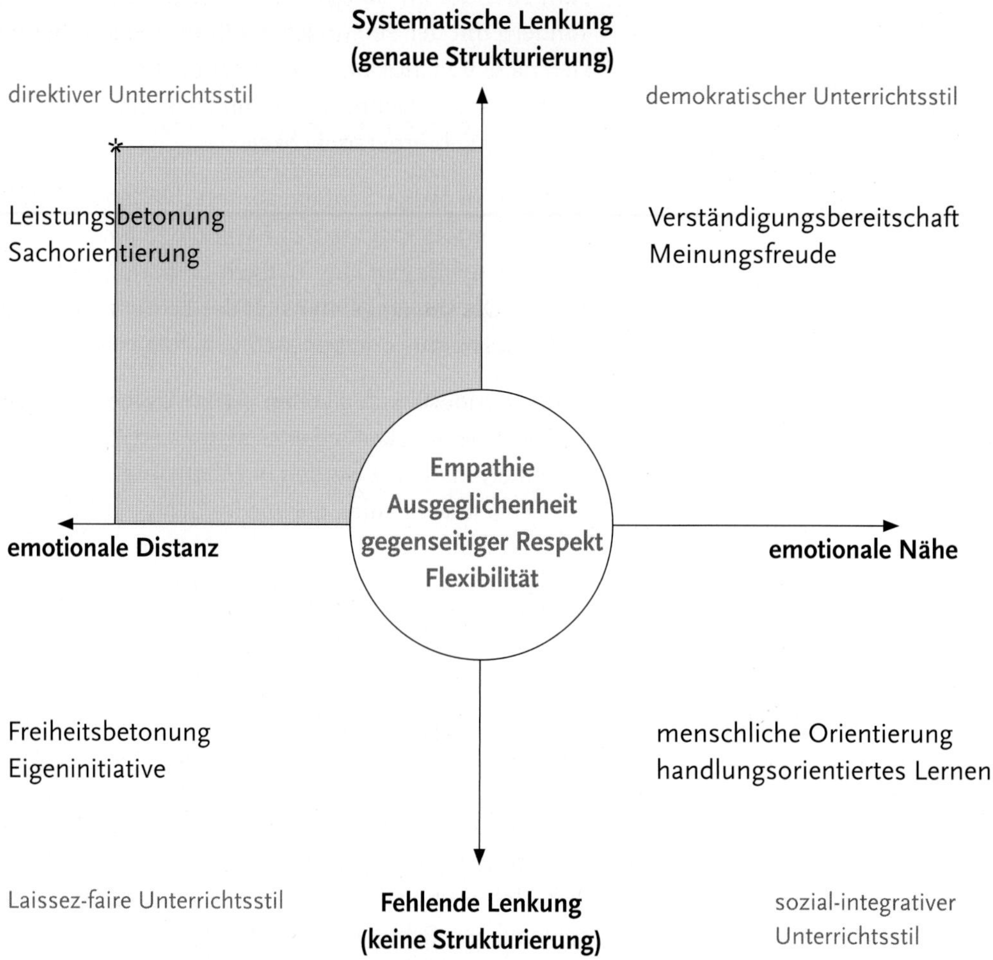

* d.h.: Im vierten Quadranten unterrichtet ein Großteil aller Lehrer!

An der vertikalen Achse dieses Koordinatenkreuzes wird das Ausmaß der Lenkung und auf der horizontalen Achse das Ausmaß der Emotionalität sichtbar.
In der linken oberen Hälfte des Koordinatenkreuzes und hier vorwiegend im 4. Quadranten, unterrichtet laut Vester eine große Mehrzahl der Gymnasiallehrer.

Zur Vermeidung von Einseitigkeiten wird es darauf ankommen, sich um ein ganzheitliches Lehren und Lernen zu bemühen. Prinzipiell sind dazu die Verhaltensmerkmale im Schnittpunkt des Koordinatenkreuzes notwendig: Empathie, Ausgeglichenheit, gegenseitiger Respekt und Flexibilität.

[1] nach Tausch, Anne-Marie und Reinhard in: Tiedemann, Joachim: Leistungsversagen in der Schule, München 1985 (Die Grenzen sind in Wirklichkeit fließend.)

Diese Ganzheitlichkeit kann durch die Berücksichtigung folgender methodischer Hinweise erreicht werden. Sie werden auch als Regeln aus der Lernbiologie bezeichnet und dienen als Ausgleich zu einem linkshemisphärisch geprägten Unterricht. Hierbei wird empfohlen, dass der Lehrer

Biologische Lernhilfen

- konkrete Handlungen ermöglichen,
- viele Eingangskanäle benutzen,
- am altersgemäßen Erlebnis- und Erfahrungshorizont anknüpfen,
- Neugierde wecken und eigene Lösungen suchen lassen,
- einen wohlwollenden Umgang pflegen und
- vom Ganzen ins Detail gehen oder den Unterrichtsinhalt in größere Zusammenhänge stellen sollte.

Fazit: In einer angenehmen Lernatmosphäre abwechslungsreich und anschaulich unterrichten! Raum für entdeckendes Lernen lassen!

Vereinseitigungen überwinden

Ob wir bei der Lösung von Problemen oder beim Lernen immer wieder nur auf Fakten vertrauen oder uns erst einmal mit Kollegen austauschen, bevor wir zu einer Interpretation der Wirklichkeit bei der Arbeit oder in der Freizeit kommen: In den meisten Situationen greifen wir auf ein eingeübtes bzw. gewohnheitsmäßiges Lernverhalten – auf Lernstrategien – zurück und fahren damit seit Jahren hervorragend. Idealtypisch unterscheidet David M. Noer zwischen vier verschiedenen Arten, wie Menschen die Wirklichkeit interpretieren. Er nennt sie die vier Lernstrategien und unterscheidet dabei den Denktyp vom Fühltyp und den handelnden Typ von einem Typus, der gern mit anderen zusammenarbeitet. Noer kommt zu dem Ergebnis, dass jeder von uns normalerweise sehr einseitig die Wirklichkeit verarbeitet.
Das Modell der Lernstrategien[1] sieht für seine vier Grundtypen so aus:

Das Modell der Lernstrategien

Denken	Fühlen	Handeln	Zusammenarbeiten mit anderen
das Leben durch rationale Analyse interpretieren	das Leben durch Gefühle interpretieren	das Leben durch Handeln interpretieren	das Leben durch Input von anderen interpretieren
Vertrauen in Fakten	Vertrauen in Gefühle	Vertrauen ins Handeln	Vertrauen in Zusammenarbeit
Lernen durch strategisches Denken	Lernen durch Verstehen von eigenen und fremden Gefühlen	„learning by doing“	von anderen lernen

[1] Vgl. Noer, David M.: Die vier Lerntypen. Reaktionen auf Veränderungen im Unternehmen, Stuttgart 1998, S. 193

Zur Tabelle: hier wird jedem Typus eine Strategie zugeordnet.

Typisch für den Bereich „Denken“ sind Verhaltensmuster wie „rationale Analyse“, „Sammeln von Fakten“ und „alles genau Durchdenken“, d.h. also: Erst wenn alles durchdacht ist, wird gehandelt.
Typisch für den Bereich „Fühlen“ sind Verhaltensmuster wie „sich mit Gefühlen auseinandersetzen“, „eigene und fremde Gefühle hinterfragen“ und „Gefühlen vertrauen“, d.h. also, dass hauptsächlich nach Gefühl gehandelt wird. Dieser Bereich hat mit Empathiefähigkeit und Emotionaler Intelligenz zu tun.
Typisch für den Bereich „Handeln“ ist das „learning by doing“ oder das „unkomplizierte Anpacken“, statt lange zu diskutieren. „Vertrauen in Handeln“ beinhaltet z.B. auch das Verhalten, das wir vor allem von motorischen Kindern kennen, die sich Lerninhalte nur erarbeiten können, wenn sie sich dabei bewegen (Grobmotorik) oder wenn sie sich alles wieder und wieder aufschreiben (Feinmotorik) oder indem sie mit anderen darüber reden (Sprechmotorik).
Typisch für das „Zusammenarbeiten mit anderen“ ist das Vertrauen in die Informationen und in die Unterstützung durch andere. Man bevorzugt es, eine Entscheidung nicht alleine zu treffen, sondern sie von anderen abhängig zu machen. Man ist davon überzeugt, dass Zusammenarbeit der bessere Weg zu einem optimalen und zufriedenstellenden Ergebnis ist.
Es hat aber nicht nur jeder dieser vier Typen seine eigene Verhaltens- und Lernstrategie, sondern – wie Noer weiter feststellt – mit diesen Einseitigkeiten geht leider auch eine mangelnde Flexibilität einher.
Das heißt: Mitarbeiter sind nicht immer ausreichend dazu in der Lage, ihre Art der Verarbeitung von Wirklichkeit flexibel auf das zu lösende Problem zu beziehen.

Besonders deutlich wird das in folgendem Beispiel, das vielfältig variiert werden kann:
Ein Lehrer glaubt, von einem Schüler belogen worden zu sein. Er ist empört über eine solche Dreistigkeit und reagiert sofort wütend. Er beschimpft den Schüler vor der ganzen Klasse und will ihn von der bevorstehenden Klassenfahrt ausschließen. Da er eine so folgenreiche Entscheidung als Fachlehrer nicht alleine treffen kann, bespricht er die Angelegenheit mit dem Klassenleiter. Der Klassenleiter zeigt sich sehr erstaunt, weil er den Schüler eigentlich als äußerst zuverlässig kennt. Bevor er eine Empfehlung ausspricht, stellt er seinem Kollegen sofort mehrere Fragen zu der vermeintlichen Lüge. Der Fachlehrer wird nachdenklich und zieht seinen Wunsch nach Ausschluss des Schülers zunächst wieder zurück. Stattdessen bittet er den Schüler um ein klärendes Gespräch, in dessen Verlauf sich herausstellt, dass es sich um ein Missverständnis handelt.
Durch das genaue Nachfragen kann letztendlich ein besserer Blick auf die Gesamtsituation geworfen werden.

Für uns ist wichtig: Dieser Lehrer wäre beinahe Gefahr gelaufen, eine Entscheidung nur auf der Basis von Gefühlen zu treffen. Denn dieser Schüler hatte seine Gefühle verletzt!

Noer nennt eine solche Vereinseitigung des Entscheidungshandelns: „Fühlen ohne Denken".
Allgemein bedeutet das: Wenn Verhaltens- und Lernstrategien einseitig bzw. eingeschränkt verfolgt werden, dann entstehen Verhaltensmuster, die neue Probleme auslösen und angemessene Entscheidungen erschweren. Es werden in nachfolgender Tabelle an drei Beispielen die Probleme benannt, die bei zu einseitigen Verhaltensmustern entstehen.[1]

Die Gefahren einseitiger Lernstrategien

	Handeln ohne	Denken ohne	Fühlen ohne	Zusammen-arbeiten ohne
Handeln				
Denken	1. Beispiel: Die wichtigste Information kann fehlen, lernt vielleicht nicht immer aus seinem Tun, kann Fehler der Vergangenheit wiederholen.		3. Beispiel: Neigt zu gefühlsmäßigen Überreaktionen ohne beruhigenden Einfluss durch Erfolge in der Vergangenheit.	
Fühlen				
Zusammen-arbeiten		2. Beispiel: Das Wissen anderer und die Unterstützung durch andere fehlen; positives Drängen anderer fehlt, keine Denkanstöße.		

[1] vgl. Noer, Stuttgart 1998

Zur Tabelle: Bei Noer ist jedes Kästchen in dieser Tabelle beschriftet, aber wir wollen lediglich diese drei Beispiele herausgreifen. Man liest die Tabelle von oben nach unten:

In dem 1. Beispiel „Handeln ohne Denken" geht es also um schnelles, unüberlegtes Agieren, und wir können uns natürlich alle auch selbst fragen: „Wie oft und in welchen Situationen treffe ich Entscheidungen, bevor ich mir die Mühe gemacht habe, alle Fakten zusammenzutragen?
Ebenso können wir uns beim Beispiel „Denken ohne Zusammenzuarbeiten" fragen: „Wie oft und in welchen Situationen will ich alles im Alleingang erledigen und entscheiden, ohne mich mit jemandem besprochen zu haben?" Oder, wie im Beispiel „Fühlen ohne Denken": „Wie oft reagiere ich wütend, aggressiv, ungerecht oder beleidigt, wenn ich mich von einem Kollegen/einem Schüler in meinen Gefühlen verletzt sehe?" (S. auch das Beispiel des Fachlehrers.)
Auf Grund dieser Überlegungen, die uns zu einem notwendigen Verhaltens- und Lernstrategien-Mix führen, können wir mit David Noer folgende Schlüsse für unser eigenes Handeln ziehen:

1. Es ist wichtig, flexibel zu sein und verschiedene Lernstrategien zu verwenden.
2. Für jedes Problem gibt es ein dazu passendes Reaktionsmuster, und
3. dieses Verhalten erfordert Zurückhaltung und Disziplin.

Es geht also zum einen darum, sich eigene Einseitigkeiten bewusst zu machen und zum anderen, sie durch gezieltes und reflektiertes Handeln auszugleichen.

Natürlich müssen wir am Ende solchen Betrachtungen wie „einseitige Lernstrategien" oder Bezeichnungen wie „links- und rechtshemisphärisch ausgerichtet" deutlich hinzufügen, dass es in der Regel keine Reinformen von Typenzuordnungen bei Menschen gibt, sondern aufgrund synaptischer Verschaltungen beider Gehirnhälften fast nur Mischformen vorkommen.
Dennoch haben wir es bei allen Menschen mit Gewohnheiten und bevorzugten Verhaltensweisen zu tun, die – wenn man sich ihrer nicht bewusst ist – zu deutlich sichtbaren Vereinseitigungen führen.

Seite 68

Bevor wir im 5. Kapitel die Wirkung unserer eigenen Persönlichkeit im Unterricht wieder aufgreifen und unter anderem mithilfe eines Thesenkatalogs zur Selbsteinschätzung genauer betrachten wollen, möchten wir auf den nächsten Seiten zunächst wieder zu den Schülern zurückkehren, die verschiedenen Schülergrundtypen darstellen und das von jedem Typ jeweils bevorzugte idealtypische Lehrerverhalten beschreiben.

2 Die Typenlehre und ihre vier Schülergrundtypen

Das diagnostische Instrumentarium, das wir auf den nächsten Seiten darstellen werden, hat sich vor allem dort bewährt, wo Lehrer mit einzelnen Schülern oder ganzen Schülergruppen Schwierigkeiten haben.
Eine große Hilfe ist eine solche Typenbestimmung immer auch bei der **individuellen Förderung** (um den richtigen Ansatz zu finden) oder wenn – wie etwa in der Orientierungsstufe – **Schullaufbahnentscheidungen** getroffen werden müssen.
In der Interaktion zwischen Schule und Eltern erweist sie sich ebenfalls als ein sehr hilfreiches Gesprächsfundament.

Da die Grundtypen, wie wir sie bei Noer kennengelernt haben, wirklich Grundtypen sind, gibt es die gleichen natürlich auch im pädagogischen Bereich für Schüler.

Wie aber müssen wir uns z.B. einen Schüler-Denktyp vorstellen?

Um ein möglichst lebendiges Bild von jedem dieser vier Schülergrundtypen entstehen zu lassen, sind im Folgenden vier typische Situationen so dargestellt, wie sie uns im Alltag einer jeden Klasse begegnen könnten.

Die vier Schülergrundtypen

Fabian: Ein Denktyp

Fabian kommt zügig den Flur entlang und setzt sich ohne Umwege direkt auf seinen Platz. Der Unterricht beginnt. Kaum hat Lehrer Meyer die erste Frage formuliert, ist auch schon Fabians Hand oben. Er schnippt mit den Fingern: „Die Frage ist doch kinderleicht. Das weiß ich doch längst. Na, endlich hat er mich gesehen!" – Fabian beantwortet die Frage exakt und vollständig. „Jetzt wird Herr Meyer mich bestimmt loben, weil meine Antwort wieder so gut war", denkt Fabian. Stattdessen spürt er plötzlich einen kleinen Schmerz im Rücken. Simon, der hinter ihm sitzt, hat ihn mit einem Steinchen aus seiner „Gummiflitze" erwischt. „Streber", zischt Simon ihm zu. Fabian fühlt sich durch diese Bemerkung äußerst gereizt und tritt – so fest er kann – nach hinten. Das wiederum bekommt Herr Meyer mit, der seinerseits nun Fabian eine saftige Strafarbeit verpasst.

Verbal geschickt, nimmt Fabian den Überzeugungskampf mit Herrn Meyer auf, bis dieser schließlich einlenkt und seine Ordnungsmaßnahme zurücknimmt. „Hab' ich Herrn Meyer wieder geschafft", denkt Fabian, „zum Glück kann der sich ja sowieso nie durchsetzen!" Nun konzentriert er sich wieder auf den Unterricht, dem er mit Leichtigkeit auch bei abstrakten und schwierigen Inhalten folgen kann. In den nächsten beiden Stunden des Vormittags hat die Klasse Werkunterricht. Es sollen aus Kupferplatten kleine Kupferschalen gehämmert werden. Fabian hat so seine Schwierigkeiten, die Platte mit vielen gleichbleibenden Schlägen zu bearbeiten. Außerdem ist es nicht leicht für ihn, gleichmäßig runde Wände hochzuziehen. Eigentlich hat er schon nach kurzer Zeit keine Lust mehr zu dieser – wie er findet – „stumpfen" Arbeit. Er wird zunehmend nervös, weil er es einfach nicht perfekt genug hinbekommt. „Gott sei Dank", denkt Fabian, „in der nächsten Stunde haben wir Mathe; vielleicht gibt Frau Engel uns die Mathearbeit zurück. Bestimmt habe ich wieder die beste Arbeit der Klasse geschrieben."

Und so ist es auch. Nachdem Frau Engel die Arbeit zurückgegeben hat, sollen Gruppen zu je 4-5 Schülern gebildet werden. Pro Gruppe gibt es mindestens einen Schüler, der eine besonders gute Note geschrieben hat. Gemeinsam sollen diese Schüler nun ähnliche Aufgaben wie in der Mathearbeit noch einmal lösen.
In der Gruppenarbeit wird schnell deutlich, dass Fabian eigentlich überhaupt keine Lust hat, sich auf das gemeinsame Üben mit seinen Mitschülern einzustellen. Zu gerne würde er die Aufgaben alleine lösen, zumal die anderen ihn ja mit ihren Fragen nur aufhalten, weil sie eben nicht annähernd so gut sind wie er (meint er!). Bei den meisten Klassenkameraden ist Fabian daher auch nicht besonders beliebt.
Lukas hat die stärksten Schwierigkeiten mit diesen Rechenaufgaben. Fabian erklärt sie ihm alle auf einmal, direkt hintereinander. Lukas „klingeln" die Ohren. Als er nun Fabian ein zweites Mal eine Frage zur gleichen Aufgabe stellt, reagiert dieser äußerst unwirsch. „Warum kapierst du das denn nicht; das ist doch babyleicht, das versteht ja sogar mein kleiner Bruder besser als du!". Mit wenigen Worten schleudert er Lukas diese abfällige Bemerkung entgegen. Aus Furcht, von Fabian noch einmal bloß gestellt zu werden, fragt Lukas das nächste Mal einen anderen Mitschüler.

Patrick: Ein Fühltyp

Bedächtigen Schrittes nähert sich das nächste Kind der Klasse. Es ist Patrick. Patrick geht auf seinen Platz und wird sofort von Axel in ein Gespräch verwickelt. Axel erzählt ihm von seinem kranken Goldhamster und welche Sorgen er sich um ihn macht. Patrick fühlt mit: „Oh, das arme Tier und der arme Axel", versucht er ihn zu trösten. Endlich, da ist ja Frau Schubert; wie lieb sie lächelt und wie verständnisvoll sie immer ist; und das, obwohl sie es gar nicht leicht hat mit unserer Klasse; und ja auch selbst noch zu Hause ihre alte Mutter versorgen muss. Schade, dass Frau Schubert nur Deutsch unterrichtet – na ja, aber die meisten anderen Fächer interessieren mich ja sowieso nicht besonders: „Aber jetzt haben wir zum Glück erst einmal Deutsch."

Patrick arbeitet motiviert mit und seine Beiträge sind ausgesprochen kreativ und anspruchsvoll. Frau Schubert ist sehr zufrieden mit Patrick und bezeichnet ihn als ihre wesentliche „Stütze" im Deutschunterricht.

In der zweiten Unterrichtsstunde kommt Herr Meyer, der Mathematiklehrer, in die Klasse. Patrick mag Mathematik überhaupt nicht, und mit Herrn Meyer steht er ziemlich auf „Kriegsfuß". Herr Meyer gibt den Schülern mehrere Aufgaben. Die ersten beiden soll zunächst jeder für sich lösen, die restlichen Aufgaben sind in Gruppenarbeit zu bearbeiten. Mit den ersten beiden Aufgaben kommt Patrick noch so leidlich zurecht und arbeitet still vor sich hin, aber später in der Gruppenarbeit zeigt sich Patrick von seiner anderen Seite. Eigentlich findet er das ganze Üben total überflüssig – und „wozu braucht man überhaupt Mathematik?" Außerdem findet er genau die Klassenkameraden, die gerade in seiner Gruppe sind, total doof und mag mit „denen" ohnehin nicht zusammenarbeiten. Schließlich verlässt ihn endgültig die Lust, er wirft alles hin und ruft: „Ich höre jetzt auf. Ihr könnt alleine weiter machen. Mir reicht's. So bescheuerte Aufgaben rechne ich nicht." Mit seiner ablehnenden Haltung steckt er schließlich auch noch andere Gruppenmitglieder an.

Endlich wird der Mathematiklehrer auf die Situation in der Arbeitsgruppe aufmerksam: „Donnerwetter noch mal, du wirst jetzt auf der Stelle weiterarbeiten, Patrick." Aber Patrick lässt sich durch diesen Ton des Lehrers nun erst recht nicht mehr zum Weitermachen bewegen, und von Herrn Meyer schon gar nicht! Stattdessen hinterfragt er zunächst den Sinn dieser Aufgaben – er will wissen, wofür man sie eigentlich können muss, um als nächstes den Sinn der Gruppenarbeit selbst infrage zu stellen. Er kritisiert die Aufgabenstellung in der Gruppenarbeit und würde nun am liebsten das Thema „Was ist gute Teamarbeit?" ausführlich mit Herrn Meyer diskutieren. Aber Herrn Meyer reicht es jetzt. Er droht Patrick damit, ihm eine „5" aufzuschreiben, wenn er nicht sofort seine Arbeit wieder aufnehme. Diese Drohung stört Patrick nicht sonderlich. Trotzdem nimmt er widerstrebend sein Heft zur Hand und verbringt den Rest der Stunde vor sich hin brütend. Ansprechbar ist er nun nicht mehr. Später im Kunstunterricht taut Patrick wieder auf und malt mit größter – fast ein wenig verbissener – Hingabe und viel Geschick sein phantasievolles, aber auch ein wenig eigenwilliges Bild weiter (so zumindest finden es seine Klassenkameraden). Melanie ist es gleichgültig, wie die anderen Patricks Bild finden oder wie launisch er sich oft im Unterricht verhält. Sie sagt: „Wenigstens hilft er mir immer, damit ich auch mit meinem Bild weiterkommen kann. Er versteht es so gut, sich in jemanden einzufühlen und einem gute Tipps zu geben. Dann mag ich ihn richtig gerne."

Den Abschluss des heutigen Schultages bildet der Sportunterricht. Für Patrick ein ungeliebtes Fach, ist er doch nicht so geschickt und lebt ständig in der Angst, sich zu verletzen.

Mark: Ein Tatentyp

Leicht beschwingten Schrittes, mit einem Freund an seiner Seite, lebhaft erzählend, betritt der nächste Schüler die Klasse. Es ist Mark. Die Lehrerin, die sich schon in der Klasse befindet – denn es hat bereits geklingelt – wird im Vorbeigehen flott, aber freundlich gegrüßt. Fröhlich und unbeschwert ruft Mark auch noch ein „Hallo!" den Mitschülern zu, bevor er sich rasch auf seinen Platz begibt.

Der Unterricht beginnt. Frau Schmidt wiederholt zunächst den Unterrichtsstoff der letzten Stunde, während Mark in seiner Tasche vergeblich nach Heft und Stiften sucht. Dabei entdeckt er in der hintersten Ecke seines Schulranzens einen kleinen „Flummi". Sofort hat er eine tolle Idee. Er reißt aus seinem Heft ein Blatt heraus und mit einem unter dem Tisch gefundenen Bleistiftstummel schreibt er schnell ein paar Sätze auf. Zusammengefaltet schießt er das Papier mit der „Gummiflitze" hinüber zu Christian, der es noch gerade lesen kann, bevor Frau Schmidt sich einschaltet. „Klar habe ich Lust in der Fünf-Minuten-Pause mitzuspielen", denkt Christian und nickt Mark mit strahlenden Augen zu.

Der zweite Teil des Unterrichts beginnt. Frau Schmidt führt in ein neues Thema ein und lässt von den Schülern zunächst zusammentragen, was diese dazu bereits wissen oder sich darunter vorstellen. Marks Aufmerksamkeit ist sofort zu 100% geweckt. Er richtet sein ganzes Interesse auf das neue Thema. Spontan und lebendig hat er viel dazu beizutragen. Während er sich freudestrahlend meldet, fällt es ihm schwer abzuwarten, ob er auch wirklich drangenommen wird. Äußerst motiviert und sehr ungeduldig ruft er die Antwort sicherheitshalber der Lehrerin schon einmal zu. „Sie war falsch? – Macht nichts, weiter überlegen", motiviert er sich selbst, und schon ist der Finger wieder oben.

Nun geht es in den dritten Teil des Unterrichts, an die Erarbeitungsphase. Die Schüler sollen zunächst allein arbeiten, dürfen sich aber in kleinen Gruppen zusammensetzen, wenn sie nicht weiterkommen. Bei Mark ist die Motivation für den neuen Stoff genauso schnell wieder vorüber, wie sein Interesse dazu entflammt war.
Viele Sätze hat er zwar bereits alleine aufgeschrieben, aber jetzt hat er wirklich keine Lust mehr. Er fühlt sich unwohl und wird ganz kribbelig; am liebsten würde er aufspringen und hinauslaufen oder wenigstens mit seinen Händen etwas tun. „Aber", fällt ihm gerade noch rechtzeitig ein, „Frau Schmidt hat ja gesagt, wir dürfen uns auch in kleinen Gruppen zusammensetzen. Wie gut, dann kann ich ja jetzt zum Glück aufstehen." Schnell nimmt Mark seinen Stuhl und setzt sich zu Christian hinüber. Aber auch hier wird er nun nach kurzer Zeit unruhig: „Wann ist endlich die Stunde zu Ende?", denkt er sehnsüchtig und rutscht auf seinem Stuhl hin und her. Er dreht sich zu seinen Hintermännern um und sucht schließlich in alle Richtungen nach „netter Ablenkung".

Frau Schmidt kennt Mark zum Glück seit vielen Jahren. Sie weiß genau, dass Schimpfen oder die Androhung von Strafen jetzt nichts mehr nützen. Stattdessen setzt sie sich einen Augenblick neben ihn, wirft schnell einen Blick auf seine selbst geschriebenen Sätze und lobt alles, was davon gut gelungen ist. Sie gibt ihm auch noch einmal kleine Hinweise, wie er jetzt weitermachen soll. „Wie nett ist Frau Schmidt“, denkt Mark dankbar und gibt sich noch einmal ganz viel Mühe.

Endlich klingelt es dann doch noch. Mark und Christian stürzen nach draußen. Natürlich kommen sie zum nächsten Unterricht viel zu spät. Pünktlichkeit ist nicht gerade Marks Stärke. Und als er Herrn Steffens, der bereits ungeduldig auf beide Jungen wartet, mit düsterer Miene an der Tür stehen sieht, ist er sich eigentlich gar keiner Schuld bewusst. Aber, oh je, jetzt fällt sein Blick auf die Blumen auf der Fensterbank. Die hat er ja gestern völlig vergessen. Mist, diese Woche hat er doch Blumendienst. Jetzt lassen sie teilweise schon ihre Blätter hängen. Hoffentlich erholen sie sich noch einmal, wenn ich sie nachher schnell gieße. Als es dann in der übernächsten Stunde in die Turnhalle geht, ist Mark ganz in seinem Element. Als Sportskanone ist er unter seinen Mitschülern allseits hochgeschätzt und sehr beliebt.

Yvonne: Ein Mitarbeitertyp

Ruhig, freundlich und wohlig dreinblickend begibt sich Yvonne ohne Eile auf ihren Platz. Ihrer Aufgabe, nach jeder Unterrichtsstunde die Tafel zu putzen, war sie gerade wie immer sehr verlässlich nachgekommen. Langsam und gelassen packt sie zunächst einmal ihr Pausenbrot aus, danach wartet sie geduldig auf das Hereinkommen des Lehrers.

Plötzlich beginnt hinter ihr ein handfester Streit. Sebastian hat sich ungefragt Florians Flasche genommen und angefangen, daraus zu trinken. Darüber ist Florian wütend. Im Handumdrehen fliegen die Fäuste. Bevor noch jemand eingreifen kann, bekommt Yvonne einen festen Hieb auf den Rücken ab. Aber da Yvonne nicht so schnell aus der Ruhe zu bringen ist, steckt sie diesen Stoß schicksalergeben ein und kümmert sich nicht weiter um das Geschehen hinter ihr.

Der Unterricht beginnt. Zunächst bittet Herr Bartelt um das Vorlesen der Hausaufgaben. Die Schüler hatten einen Aufsatz von mindestens zwei Seiten Umfang zu schreiben auf. Yvonne meldet sich, wie so häufig, nicht von sich aus, aber Herr Bartelt sieht immer zu, dass er sie öfters einmal gezielt anspricht und zur Mitarbeit aktiviert. Daher bittet er nun auch Yvonne, ihren Aufsatz vorzulesen.

Nachdem Yvonne ihren Aufsatz vorgelesen hat, schmunzelt Herr Bartelt und setzt humorvoll hinzu: „Na ja, typisch für unsere liebe Yvonne, keine Zeile zu viel schreiben und das dann noch mit dicker Füllermine und breiter Handschrift, nur um den Inhalt so knapp wie möglich zu halten!“ – In ernsterem Tonfall fügt er allerdings deutlich hinzu: „Damit hast du dich ja nicht gerade überfordert. Das nächste Mal erwarte ich von dir eine etwas ausführlichere Hausarbeit.“
Wenig später wandert Yvonne mit ihren Gedanken allerdings ganz woanders hin. Sie freut sich bereits darauf, in der nächsten Pause eines ihrer Schulbrote essen zu kön-

nen. „Was wird wohl Mutti heute wieder Gutes eingepackt haben?“, fragt sie sich. Leider wird sie bei dieser angenehmen Vorfreude von Herrn Bartelt jäh unterbrochen. „Yvonne, wie wär’s, wenn du dich jetzt auch einmal am Unterricht beteiligen würdest; schau, alle melden sich, nur du nicht.“ Notgedrungen versucht sie, ihre Aufmerksamkeit nun dem Unterrichtsstoff zu widmen. Aber eigentlich interessiert sie das alles nicht sonderlich.

Schließlich teilt Herr Bartelt die Klasse in fünf verschiedene Gruppen ein und vergibt die jeweiligen Arbeitsaufträge. „Hurra“, ruft Mark, der neben Yvonne Platz genommen hat, „wir haben das tollste Thema bekommen“, und schon fängt er an, in den bereitgestellten Büchern zu blättern und die passenden Kapitel herauszusuchen. Mit seiner Begeisterung steckt Mark nun auch Yvonne an, und er beginnt, die Aufgaben innerhalb der Gruppe zu verteilen. Yvonne ist froh, nicht selbst die Initiative ergreifen zu müssen und nimmt daher Marks Anweisungen gerne an.

Yvonne übernimmt daraufhin nun die Aufgabe der Protokollantin. Sie freut sich, bei dieser Aufgabe nur die Ideen ihrer Mitschüler notieren zu müssen. – Dass sie allerdings am Ende der Gruppenarbeit diejenige ist, die alles Erarbeitete noch in eine übersichtliche Form bringen muss, stört sie in keiner Weise. Geduldig und ausdauernd führt sie die Aufgabe zu Ende. Es macht ihr nichts aus, dass alle um sie herum bereits fertig sind.

Endlich klingelt es. Die meisten Schüler stürzen nach draußen. Yvonne hat es gar nicht eilig. Sie beißt in aller Ruhe in ihr Brot und verlässt dann gemächlichen Schrittes das Klassenzimmer.

Um immer besser in den Kategorien der Lerntypendiagnose denken zu lernen, wollen wir uns nun den Strukturen, die diesen Bildern zugrunde liegen, etwas differenzierter nähern. Dafür soll zunächst jeder einzelne Schülerverhaltenstyp hinsichtlich seiner besonderen Stärken und anschließend hinsichtlich seiner besonderen Schwächen genauer betrachtet werden.

Die charakteristischen Stärken der vier Schülergrundtypen im Überblick

Denktyp	Fühltyp
gutes, intellektuelles Leistungsvermögen, ehrgeizig ↓ gute Aufmerksamkeit, schnelle Auffassungsgabe, gutes, sprachliches Ausdrucksvermögen ↓ exakte Wiedergabefähigkeit, analytisches Denken ↓ **Fazit**: lernbegierig, gleichmäßig konzentriert und ehrgeizig	ganzheitlich-bildhaftes Vorstellungsvermögen, kreativ und hilfsbereit ↓ soziales Engagement, künstlerisch-musische Fähigkeiten, Innovationsfähigkeiten ↓ intensives Auseinandersetzen mit ethischen/moralischen Fragen, besondere Interessen/Sympathien ↓ **Fazit**: kreativ, engagiert und hilfsbereit
Tatentyp	**Mitarbeitertyp**
großes Interesse für alles Neue, aktives, vielseitiges Tätigsein ↓ schnelle Motivierbarkeit, geistige und motorische Beweglichkeit, sozial gut integriert (beliebt) ↓ fröhlich und anpassungsfähig, gutes, praktisches Denken ↓ **Fazit**: motorisch geschickt und schnell zu begeistern	teamorientierter, zuverlässiger Mitarbeiter, ausdauerndes, kontinuierliches Tätigsein ↓ gemütliche Ausgeglichenheit, Beständigkeit und innere Ruhe, sozial akzeptiert ↓ unkompliziert, überfordert sich nicht ↓ **Fazit**: teamorientiert, ausgeglichen und ausdauernd

Die charakteristischen Schwächen der vier Schülergrundtypen im Überblick

Kurz ein Wort zu dem, was wir unter Schwächen verstehen wollen. Als „Schwächen" werden in diesem Zusammenhang zweierlei betrachtet: entweder zu **einseitig** ausgeprägte Verhaltensweisen, wie z.B. extremer Ehrgeiz oder **negative** Verhaltensweisen, wie z.B. fortwährendes Stören. Dazu wieder ein Überblick für alle 4 Typen:

Denktyp	Fühltyp
übergroßer Ehrgeiz ↓ kräftemäßige Überforderung, Nervosität, Reizbarkeit ↓ provokative Überheblichkeit, kommt schwer ins praktische Tun, hat geringe soziale Kompetenz (ist egoistisch) ↓ **Fazit**: wirkt überheblich und distanziert	schnell wechselnde Stimmungen ↓ sehr einseitig interessiert und motivierbar, hat starke Sympathien/Antipathien, Unausgeglichenheit, Eigenwilligkeit ↓ arbeitet „verbissen" oder bricht sein Tun vorzeitig ab (Jähzorn, Angst), ist kontaktarm (trotz hoher sozialer Kompetenz) ↓ **Fazit**: neigt zu gefühlsmäßigen Überbewertungen
Tatentyp	**Mitarbeitertyp**
motorische Unruhe ↓ kurze Aufmerksamkeitsspanne, wenig Ausdauer, ist schnell entmutigt, hält sich ungern an Regeln (stört), ist unzuverlässig ↓ **Fazit**: unruhig und leicht abzulenken	motorische und geistige Trägheit ↓ wenig Eigeninitiative, wenig Interesse (phlegmatisch), schwer zu motivieren, wenig Ehrgeiz, nutzt andere aus ↓ **Fazit**: sehr bequem und schwer zu aktivieren

Betrachten wir nun jeden einzelnen Typ noch einmal Schritt für Schritt. Die Schwächen eines jeden Typs können bei genauem Hinsehen wie die Kehrseite ihrer Stärken betrachtet werden. Sie stellen komplementäre Eigenschaften dar.

Die Stärken des Denktyps

Der Schüler, der im Denken zu Hause ist, wird sich in der Klasse durch eine hohe Aufmerksamkeit hervortun, also durch konzentriertes Zuhören und Beobachten. Er wird eine schnelle Auffassungsgabe gerade bei abstrakt-intellektuellen Inhalten besitzen und zu einer exakten Wiedergabe fähig sein. Er kann selbstständig denken, ist ehrgeizig und sehr lernbegierig. Sein sprachliches Ausdrucksvermögen ist zumeist auffallend gut. In der Regel ist er allen kognitiven Anforderungen ohne Schwierigkeiten gewachsen und durchläuft daher seine Schulzeit zumeist ohne nennenswerte Lernprobleme. Wie sehen die Schwächen des Denktyps aus?

Die Schwächen des Denktyps

Ein gesunder Ehrgeiz ist etwas Positives, aber bei zu einseitiger Entwicklung kann leicht ein übergroßer Ehrgeiz entstehen. Die Kinder dieses Typs sind häufig in ihrer kognitiven Entwicklung ihrem Alter voraus. Sie haben an sich selbst zum Teil sehr hohe Ansprüche. Dies führt oft dazu, dass sie gar nicht all das verarbeiten können, was sie an Inhalten und Eindrücken aufnehmen, sehen und lesen. Je jünger die Kinder sind, desto eher führt eine einseitige intellektuelle Ausrichtung zu Nervosität und Reizbarkeit. Eine weitere Schwäche dieses Typs ist, dass so mancher wegen seiner zumeist sehr guten Schulnoten zu Arroganz und Überheblichkeit gegenüber anderen neigt. (Beispiel aus Schülermund: „Das weiß ich sowieso besser; das kapieren die anderen wieder nicht!")

Die Stärken des Fühltyps

Schüler, die im Fühlen zu Hause sind, haben zumeist besondere Vorlieben oder Abneigungen, also auch besondere Sympathien oder besondere Antipathien für einzelne Menschen und einzelne Unterrichtsfächer. Sie sind oft besonders feinfühlig, können sich gut in die Gefühle anderer Menschen hineinversetzen und sind sehr hilfsbereit. Dabei können zwei Gruppen von Fühltypen voneinander unterschieden werden:

1. Gruppe der sehr stillen und zurückhaltenden Schüler
2. Gruppe der aktiven, engagierten Schüler, die sich in der Klasse hervortun, z.B. im Einsatz für Gerechtigkeit oder bei einem Thema, das sie oder ihn besonders interessiert. Aber auch mit endlosen Diskussionen über philosophische, ethische oder moralische Themen kann man von Schülern dieses Typs herausgefordert werden. Dies geschieht auch außerhalb vom Religions- oder Philosophieunterricht.

Fast alle Fühltypen haben besondere musische oder künstlerisch-kreative Fähigkeiten, aber am besten lassen sich Fühltypen daran erkennen, dass sie sich für eine Sache ganz intensiv einsetzen und für eine andere gar nicht zu motivieren sind. Sie hassen z.B. Mathematik und ihre Noten bewegen sich dort zwischen „4" und „6", aber in Deutsch sind sie vielleicht Einser-Kandidaten, oder umgekehrt. In ihren bevorzugten Themenbereichen zeigen diese Kinder also ebenfalls (wie die Denktypen) eine enorme Leistungsfähigkeit im kognitiven Bereich.

Die Schwächen des Fühltyps

Beim Fühltyp ist die Empathiefähigkeit (intensives und stabiles Einfühlungsvermögen für die Gefühle oder Situationen anderer) etwas sehr Positives – die Kehrseite davon sind jedoch sehr schnell wechselnde oder übertriebene Empfindungen und Reaktionen. Darum hat ein Fühltyp etwas Unberechenbares!
Ein Fühltyp unterliegt oft enormen Stimmungsschwankungen, sodass es bei ihm von einem Moment zum nächsten zu einem Stimmungsumschwung kommen kann – weil vielleicht irgendetwas nicht so ist, wie er es sich vorgestellt hat – und dann verweigert er sich genauso intensiv, wie er sich vorher eingebracht hat. Je nach Typenmischung und Situation reagiert er auch jähzornig. Ein solcher Wechsel von einem Extrem ins andere geschieht mitunter innerhalb von Sekunden.
Ein anderer Teil dieser Kinder ist, wie bereits erwähnt, dagegen äußerst still – sie leben fast wie in einer eigenen Welt – und zeigen sich sehr ängstlich, vor allem dem Neuen und Unbekannten gegenüber. (Beispiel aus Schülermund: „Lasst mich alle in Ruh', ihr nervt mich nur!" oder: „Der Arme, der tut mir aber leid!")

Die Stärken des Tatentyps

Die Kinder dieses Typs haben einen unstillbaren Wunsch nach Bewegung und Aktiv-Sein. Sie lieben jegliche Aktivität und alles, was unmittelbares Tun erfordert. Sie werden sich in der Klasse hervortun durch ein besonders vielseitiges und schnell entzündbares Interesse für alles Neue (also im Gegensatz zu vielen Fühltypkindern). Sie sind fast ohne Ausnahme leicht zu motivieren und zumeist sportlich ganz besonders begabt. Viele von ihnen verfügen auch über eine besondere Fingerfertigkeit. Die meisten sind sehr kameradschaftlich und in der Klasse sehr beliebt.

Die Schwächen des Tatentyps

Bei dem Tatentyp steht die schnelle Begeisterungsfähigkeit (oder ihre Flexibilität und Beweglichkeit), was durchweg als sehr positiv bewertet werden muss, ihrer Unruhe gegenüber.
Dazu zählt auch ihre nur sehr kurzfristige Motivierbarkeit: Für alles Neue lassen sie sich zwar schnell, aber nur vorübergehend, begeistern und entwickeln keinerlei Ausdauer. Auch Regeln sind für sie Schall und Rauch!
Ihr scheinbar ausgeprägtes Selbstbewusstsein, das ja zumeist auf sportlichen Erfolgen basiert, schlägt bei Misserfolgen schnell um. Sie geben schnell auf und verlieren schnell ihr Vertrauen in ihre Fähigkeiten. (Beispiel aus Schülermund: „Immer dieses doofe, langweilige Lernen von Vokabeln, die sehe ich mir mal kurz vor der Englischstunde an!")

Die Stärken des Mitarbeitertyps

Schließlich geht es beim vierten Lerntyp um den Mitarbeitertyp. Schüler dieses Typs sind gute „Mitarbeiter" in folgendem Sinne: Sie zeichnen sich durch innere Ruhe, Beständigkeit und ein außerordentlich ausdauerndes Handeln aus. Sie sind sehr ausgeglichen und machen einen gemütlichen Eindruck.
Von sich aus beteiligen sie sich eher selten am Unterricht. Aber sie orientieren sich gerne an der Arbeitsfreude ihrer Mitschüler und lassen sich dadurch mitziehen. (D.h., es handelt sich bei ihnen um eine Art Nachahmungsmotivation.)
Ihre eigenen Bedürfnisse liegen vor allem im Bereich „Genießen", z. B. das Pausenbrot. Mitarbeitertypen sind also zufriedene und eher passive Menschen – man wird bei ihnen des Öfteren an Phlegmatiker erinnert – und ihre Stärken liegen – wenn man so will – in ihrer *Ruhe*. Hier lässt sich hinzufügen: Ohne den ruhenden und ausgleichenden Pol des Mitarbeitertyps würde einer Klasse – oder einer Gruppe von Arbeitskollegen – ein ganz wesentliches Element fehlen.

Die Schwächen des Mitarbeitertyps

Bei dem Mitarbeitertyp ist das Positive die unendliche Ausdauer, die so sehr beruhigend vor allem auf alle Gruppenprozesse wirkt, die jedoch als Kehrseite in die Trägheit führt. Sie sind dann sehr schwer für Lerninhalte zu interessieren und es mangelt ihnen an Eigeninitiative. Unter diesen Voraussetzungen ist es oft richtig schwierig, sie überhaupt noch „in Gang" zu bringen. Erst wenn es nicht mehr anders geht, bringen sie sich in den Unterricht ein.
In der Partner- und Gruppenarbeit muss man als Lehrer aufpassen, dass sie die Mitschüler nicht ausnutzen und sich auf ihrem Phlegma ausruhen. (Beispiel aus Schülermund: „Wann ist die nächste Pause, und was gibt es Leckeres zu essen?")

Typen und Temperamente

Sicherlich ist Ihnen beim Lesen der Typbeschreibungen aufgefallen, dass man allen genannten Typen zumindest Aspekte der verschiedenen Temperamente zuordnen kann: So darf man sich unter einem Tatentyp durchaus Verhaltensweisen eines motorisch-sanguinischen Kindes vorstellen. Beim Fühltyp erlebt man häufig melancholische Tendenzen, genauso wie der Denktyp so manches von der Zielgerichtetheit des Cholerikers aufweist. Ansonsten gehen unsere Verhaltenstypenbeschreibungen allerdings weit über die Temperamentstypen hinaus.

Bei aller Bedeutung der Typenbeschreibung für den Unterricht – man sollte sich keinesfalls zu der Schlussfolgerung verleiten lassen, dass etwa der Denktyp der Intelligenteste sei. Dies ist definitiv nicht so. Genauso gut können Fühltyp, Tatentyp und Mitarbeitertyp gute kognitive Leistungen erbringen. Nur stehen beim Fühl-, Taten- und Mitarbeitertyp diese rationalen Fähigkeiten nicht so charakteristisch im Vordergrund wie ihre eigenen, typbedingten Stärken.

Seite 78

(Eine zusammenfassende Gesamtschau auf die polaren Schülerverhaltensweisen finden Sie als Kurzcharakteristik in Kapitel 6.)

3 Eine beispielhafte Kindbesprechung

Wer ist Stefan? – Eine Falldarstellung

In diesem Kapitel wollen wir an einem konkreten Fall darstellen, wie ein Diagnose-Instrumentarium angewendet und sowohl zum Wohle des Schülers als auch zur Verbesserung der eigenen Beurteilungskompetenz genutzt werden kann.
Wir haben dazu die Form der Kindbesprechung im Rahmen einer pädagogischen Dienstbesprechung gewählt, an der möglichst viele der in einer Klasse unterrichtenden Lehrer teilnehmen sollten.

Erster Teil der Kindbesprechung

Sammeln von Fakten

Stefan ist 12 Jahre alt und geht in die Klasse 6a einer weiterführenden Schule.
Stefans aktuelles Verhalten in der Schule:
Stefans Leistungen im Unterricht sind sehr unterschiedlich. Er schreibt sprachlich anspruchsvolle und fantasievolle Aufsätze. In Diktaten hat er oft nur zwei bis drei Fehler, aber Abgeschriebenes wimmelt von Fehlern. Er rechnet mit eigenen Rechenwegen und kommt fast immer zum richtigen Ergebnis. Ist er aber gerade nicht motiviert, vertauscht er sogar die vier Grundrechenarten noch miteinander.
Er kombiniert überraschend gut, hat dabei komplexe Gedankengänge, die für die Mitschüler oft erst erklärt werden müssen, er philosophiert gerne und fragt nach dem, was hinter den Dingen ist. Andererseits ist er aber häufig ein „zerstreuter Professor", packt das falsche Heft ein und vergisst den Stundenplan.

In der Klasse ist er eher Außenseiter, integriert sich aber zumindest zeitweise in die Jungengruppen. Geht es darum, jemandem zu helfen, den er mag, ist er sofort dazu bereit. Widerfährt einem solchen Kind eine – seiner Meinung nach – ungerechte Beurteilung durch den Lehrer, setzt er sich vehement für Gerechtigkeit ein.
Er hinterfragt gerne jede Sanktion und liebt es, über Werte und Normen zu diskutieren.
Ist er jedoch selbst in einen Konflikt verwickelt, dann ist er kaum in der Lage, seine Gefühle differenziert und ohne Zorn zum Ausdruck zu bringen. Kompromisse einzugehen, fällt ihm sehr schwer.

Er hat auch keine realistische Wahrnehmung von sich selbst, wenn es darum geht, Kritik konstruktiv zu äußern – also ohne aggressiven oder verletzenden Unterton.
So ist er zumeist vollkommen erstaunt, wenn der eine oder andere Mitschüler sich von ihm verbal angegriffen fühlt und es darüber zu einem echten Konflikt kommt.

Eine gewisse Anerkennung durch seine Klassenkameraden erfährt er dadurch, dass er oft Drahtzieher von recht grenzüberschreitenden Streichen und Störaktionen im Unterricht ist, was auf eine bestimmte Schülergruppe mitunter sehr belustigend wirkt.

Seit Beginn des Schuljahres zeigt er sich in zunehmendem Maße respektlos gegenüber einigen Lehrern, provoziert und bleibt immer häufiger unentschuldigt dem Unterricht fern.

Die Diskrepanz zwischen seinen immer wieder überraschend guten Denkleistungen auf der einen Seite und seinen Konzentrationsschwierigkeiten auf der anderen Seite nimmt erheblich zu.

Die Klassenlehrerin ergänzt dieses Bild durch folgendes Zitat von Stefan, welches er im Gespräch mit ihr – sozusagen als Kernsatz seiner Nöte – äußerte: „Ich langweile mich oft; und ich will nicht alles immer und immer wieder üben. Ich kann es ja fast immer, aber es interessiert mich nicht."

Aus dem Telefongespräch mit Stefans Mutter berichtet sie Folgendes:
„Seiner Mutter gegenüber äußerte er, dass er nicht in die Klasse, in die Schule, in die Welt hineinpasse! Und dass er seine Klassenkameraden ‚eh blöd' fände."
Im häuslichen Bereich experimentiert er, so die Mutter, mit Chemikalien, überprüft physikalische Gesetze (so fiel er mitsamt dem Küchenschrank um) und zerlegt alle elektronischen Geräte in ihre Bestandteile. Er ist sehr musikalisch, spielt Klavier und Saxophon, aber sportlich mag er sich nicht betätigen.

Sammeln von weiteren Fakten

Da Stefans Schulprobleme in der letzten Zeit zugenommen haben, lädt die Klassenlehrerin zu einer Pädagogischen Dienstbesprechung ein.

An dieser Besprechung sollten nach Möglichkeit alle Lehrer, die Stefan aktuell unterrichten, teilnehmen. Da dies aber leider im normalen Schulalltag nur selten einzurichten ist, kann eine solche Besprechung auch in einem kleineren Kreis von Kollegen durchgeführt werden (mindestens jedoch drei Kollegen, die sehr verschiedene Fächer unterrichten, wie Sprachlehrer, mathematisch-naturwissenschaftlicher Lehrer und Sport- oder Kunst- bzw. Musiklehrer – wegen ihrer unterschiedlichen Blickwinkel auf die Begabungen des Schülers).

Im Vorfeld einer solchen Dienstbesprechung sollten bereits viele Informationen gesammelt worden sein. Dazu gehört vor allem, dass jeder mitwirkende Lehrer diesen Schüler zuvor noch einmal bewusst im Unterricht wahrnimmt. Hilfreich kann hierbei ein Beobachtungsbogen sein, der differenzierte Anhaltspunkte dazu enthält, welche Situationen bzgl. des betreffenden Schülers besonders in Augenschein genommen werden sollten. (Einen solchen Beobachtungsbogen finden Sie in Anhang 2a).

Seite 96

Außerdem sollte im Vorfeld einer solchen Kindbesprechung ein strukturiertes Klassenlehrer-Schüler-Gespräch stattfinden, in dem es um besondere Interessen oder besondere Nöte des Schülers geht. Der Einsatz eines Schülerfragebogens kann hierbei auch sehr hilfreich sein. (Einen solchen Schülerfragebogen, der natürlich nach eigenen Vorstellungen ergänzt oder gekürzt werden kann, finden Sie in Anhang 2b).

Seite 99

Und schließlich sollte es nach Möglichkeit im Vorfeld auch noch ein strukturiertes Telefongespräch oder auch ein persönliches Treffen zwischen Klassenlehrer und Eltern geben, in dem es – soweit die Eltern dafür offen sind- z. B. um Fragen zur bisherigen Entwicklung des Schülers, zur Alltagsgestaltung in der Familie, Geschwisterkonstellation und weitere Bezugspersonen (wie z.B. Stiefvater, Großeltern ...) u. Ä. geht. (Hinweise über mögliche Themenbereiche für ein solches Eltern-Lehrer-Gespräch, die für den Lehrer wichtig sein könnten, finden Sie in Anhang 2c).

Seite 100

Die wichtigsten Informationen, die auf diese Weise über den Schüler erhalten werden konnten, werden vom Klassenlehrer für die Kindbesprechung zusammengefasst und am Anfang der Besprechung dargestellt.

Der Typendiagnosebogen – eine Einschätzungshilfe

Im nächsten Schritt werden alle anwesenden Lehrer gebeten, ihre eigenen Wahrnehmungen von Stefan mit Hilfe eines vorbereiteten Diagnosebogens festzuhalten.

Seite 101

Dazu füllt jeder Lehrer einen Diagnosebogen aus, der nach typenbezogenen, unterrichtsrelevanten Aussagen erstellt ist (s. Kopiervorlage in Anhang 3a).
Die Einzelergebnisse werden anschließend zu einem vollständigen Bild verbunden. Mit Hilfe eines Balkendiagramms werden die Häufung und der Ausprägungsgrad der Eigenschaften dieses Schülers sichtbar gemacht.

Ein beispielhaftes Ergebnis (s. S. 34 – 37) zeigt die Ankreuzungen von einem der Lehrer Stefans. Er hat in jeder Zeile ein Kreuz gesetzt und zwar so, wie er Stefan in seinem Unterricht oder auch darüber hinaus erlebt.

Seite 101

Typendiagnosebogen

Kopiervorlage in Anhang 3a

Ein beispielhaftes Ergebnis

Eigenschaften des Kindes	**Ausprägungsgrad der Eigenschaften** stimmt nicht … stimmt										Pkte.
	1	2	3	4	5	6	7	8	9	10	
Stärken	**Denktyp**										
gutes, intellektuelles Leistungsvermögen						x					6
ehrgeizig, sehr lernbegierig					x						5
gute Aufmerksamkeit, ist ausdauernd konzentriert								x			8
gutes sprachliches Ausdrucksvermögen										x	10
exakte Wiedergabefähigkeit			x								3
geht gern analytisch vor		x									2
Summe der angekreuzten Punkte											34
Schwächen											
hat übergroßen Ehrgeiz						x					6
ist kräftemäßig schnell überfordert (nervös und reizbar)	x										1
wirkt überheblich und ist provokativ									x		9
kommt nur schwer ins praktische Tun						x					6
hat geringe soziale Kompetenz (ist egoistisch)					x						5
Summe der angekreuzten Punkte											27
Gesamtsumme Denktyp											**61**

Eigenschaften des Kindes	**Ausprägungsgrad der Eigenschaften** stimmt nicht … stimmt										Pkte.
	1	2	3	4	5	6	7	8	9	10	
Stärken	**Fühltyp**										
hat ganzheitlich-bildhaftes Vorstellungsvermögen										x	10
ist kreativ und innovativ						x					6
zeigt besonderes soziales Engagement, ist hilfsbereit und einfühlsam								x			8
besondere Interessen und Sympathien (einseitig begabt)										x	10
hat künstlerisch-musische Fähigkeiten									x		9
diskutiert und philosophiert gern									x		9
Summe der angekreuzten Punkte											52
Schwächen											
schnell wechselnde Stimmungen (launisch und unberechenbar)								x			8
sehr einseitig interessiert und motivierbar									x		9
hat starke Sympathien/Antipathien (eigenwillig)						x					6
arbeitet verbissen oder bricht sein Tun vorzeitig ab (Jähzorn, Angst)						x					6
ist kontaktarm (trotz hoher sozialer Kompetenz)		x									2
Summe der angekreuzten Punkte											31
Gesamtsumme Fühltyp											**83**

Eigenschaften des Kindes	**Ausprägungsgrad der Eigenschaften** stimmt nicht									stimmt	Pkte.
	1	2	3	4	5	6	7	8	9	10	
Stärken	**Tatentyp**										
großes Interesse für alles Neue			x								3
aktives, vielseitiges Tätigsein (ist ständig in Bewegung)	x										1
ist schnell begeistert und sofort motiviert					x						5
gutes, praktisches Denken		x									2
„learning by doing" wird bevorzugt					x						5
ist beliebt und fast immer fröhlich	x										1
Summe der angekreuzten Punkte											17
Schwächen											
motorische Unruhe	x										1
kurze Aufmerksamkeitsspanne									x		9
wenig Ausdauer (außer beim Sport)		x									2
hält sich ungern an Regeln (stört und ist unzuverlässig)		x									2
resigniert schnell bei Anforderungen (ist schnell entmutigt)		x									2
Summe der angekreuzten Punkte											16
Gesamtsumme Tatentyp											**33**

Eigenschaften des Kindes	**Ausprägungsgrad der Eigenschaften** stimmt nicht									stimmt	Pkte.
	1	2	3	4	5	6	7	8	9	10	
Stärken	**Mitarbeitertyp**										
ist ein verlässlicher „Teamworker"	x										1
zeigt große Ausdauer bis zum Abschluss der Aufgabe	x										1
wirkt gemütlich, ist ausgeglichen und unkompliziert	x										1
ist beständig und strahlt innere Ruhe aus					x						5
liebt das kontinuierliche, mechanisierte Arbeiten		x									2
überfordert sich nicht	x										1
Summe der angekreuzten Punkte											11
Schwächen											
ist motorisch träge		x									2
zeigt wenig Interesse (ist geistig träge)	x										1
zeigt selten Eigeninitiative und Ehrgeiz	x										1
ist in allen Bereichen schwer zu motivieren	x										1
nutzt andere in der Gruppenarbeit aus, indem er selbst passiv bleibt			x								3
Summe der angekreuzten Punkte											8
Gesamtsumme Mitarbeitertyp											19

Auswertung

Für jeden Eigenschaftsbereich werden die angekreuzten Punkte zusammengezählt und in den dafür vorgesehenen Kästchen notiert.
Das Ergebnis eines jeden Lehrers wird in die Auswertungstabelle übertragen, so dass eine Gesamtsumme für jeden Eigenschaftsbereich errechnet und in einem Balkendiagramm dargestellt werden kann. (Kopiervorlage in Anhang 3b)

Seite 105

Auswertungstabelle

	Denktyp	Fühltyp	Tatentyp	Mitarbeitertyp
Lehrer 1	61	83	33	19
Lehrer 2	75	91	42	31
Lehrer 3	81	79	29	27
Lehrer 4	72	85	54	27
Lehrer 5	68	93	72	50
Lehrer 6	73	71	70	45
Summe	**430**	**502**	**300**	**199**

Das beispielhafte Ergebnis im Balkendiagramm

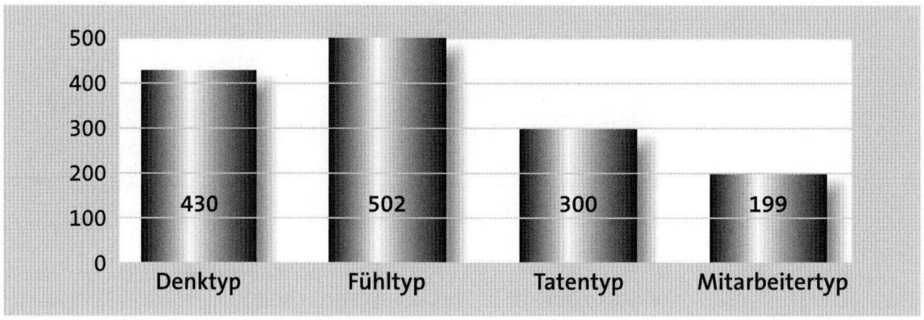

Die Bedeutung der Typenzuordnung für das individuelle Begabungsprofil

Wie man am Diagramm sehen kann, hat unser gemeinsam betrachteter Schüler Stefan seine bevorzugte Lernstrategie ganz offensichtlich im Fühlen. Aber auch der Balken im ersten Eigenschaftsbereich ist sehr ausgeprägt. Man wird daher bei unserem Schüler wohl von einem Mischtyp aus Denk- und Fühltyp ausgehen müssen.
Da die meisten Menschen Eigenschaften von mehreren Lerntypen haben, ist es wichtig, als nächstes einen Blick auf den Umgang mit Mischtypen zu werfen.

Umgang mit Mischtypen

Wir alle sind – wie unsere Schüler – meist Mischtypen. Daher wird manche Zuordnung schwerfallen, aber in den allermeisten Fällen steht eine Hauptfunktion (Denken, Fühlen, Handeln oder Mitarbeiten) im Vordergrund und ist typisch für uns bzw. für den zu betrachtenden Schüler.

Stefans Stärken und Schwächen als Fühl- und Denktyp

Beispiel: Wenn wir Stefan, den wir in seinem Lernverhalten als eine „Mischung" aus Fühltyp und Denktyp identifiziert haben, nun hinsichtlich seiner Fähigkeiten und Stärken betrachten wollen, so wie wir sie mit Hilfe des Diagnosebogens beispielhaft festgehalten haben, dann können wir feststellen, dass er ein differenziertes sprachliches Ausdrucksvermögen besitzt und in manchen Bereichen besonders kreativ begabt ist. Durch seine Hilfsbereitschaft, seinen Einsatz für Gerechtigkeit und seine offensichtliche Fähigkeit, besonders gut selbstständig denken zu können, ist er einerseits ein Maßstab setzender, andererseits aber sicherlich auch ein sehr kritischer und anspruchsvoller Schüler. Bezüglich seiner Schwächen nehmen die Lehrer bei ihm eine gewisse Arroganz wahr, eine sehr wechselhafte Mitarbeit und wenig Verlässlichkeit beim Einhalten von Verabredungen.
Damit ist die „erste Spur" gefunden und es geht jetzt also um die Frage nach der individuellen Persönlichkeit von Stefan, die hinter der ersten Spur liegt, und damit also um die Frage:
Welche Verhaltensweisen verstärken sich bei Stefan durch diese „Mischung" aus Denk- und Fühltyp, und welche heben sich besonders bei ihm gegenseitig auf oder gleichen sich gegenseitig aus?
Dafür wollen wir uns noch einmal genauer ansehen, was wir bisher von Stefan wissen.

Stefans Stärken	Stefans Schwächen
hat besondere Vorlieben für einzelne Unterrichtsthemen (dann ist er sehr engagiert)	ist nur bei wenigen Themen motiviert und engagiert
hat ein ausgeprägtes Gerechtigkeitsempfinden (ist bei Sympathie sehr hilfsbereit)	ist überheblich und provokativ
kann komplexe Zusammenhänge erfassen und selbstständig verarbeiten	fühlt sich schnell gelangweilt und hat dann keine Ausdauer
hat eine gutes sprachliches Ausdrucksvermögen	ist unausgeglichen und emotional wechselhaft
hinterfragt die Sinnhaftigkeit von Inhalten und auch das eigene Sein (philosophiert gern)	hat wenig Selbstbeherrschung und Konfliktfähigkeit
ist musisch begabt	hält sich nicht an Verhaltensregeln

Zur Tabelle:

a) Stefans charakteristischste Eigenschaft ist seine sehr einseitige Motivation für nur einige wenige Lerninhalte (Stefan beteiligt sich lediglich bei den Themen, die er interessant findet: Fühltyp). Darin unterscheidet er sich deutlich von allen ausgeprägten Denktypen (ausgeprägte Denktypen zeigen für fast alle Unterrichtsthemen gleichmäßiges Interesse). D.h. also für Stefans Persönlichkeitsprofil, dass eine wesentliche Stärke des Denktyps (nämlich gleichmäßig leistungsstark zu sein) bei ihm nicht zum Tragen kommt.

b) Charakteristisch für Stefan ist auch sein sehr einseitiges Interesse an nur wenigen Menschen (er setzt sich lediglich für die Mitschüler intensiv ein, die er mag). Aber auch wenn es eben nur wenige Menschen sind, für die Stefan sich einsetzt, so steht dieses Verhalten doch im Gegensatz zum Denktyp, dem es nämlich gar nicht erst in den Sinn käme, überhaupt nur irgendeinem Mitschüler ausdauernd zu helfen. Hier wird also eine Schwäche des Denktyps durch eine Stärke des Fühltyps ausgeglichen.

c) Die Verstärkung einer seiner Schwächen finden wir in seinem Profil ebenfalls wieder: so ist er mitunter sehr überheblich und provokativ (typisch für den Denktyp) Dies aber in Kombination mit emotionaler Unausgeglichenheit und mangelnder Selbstbeherrschung, wie es eben oft beim Fühltyp vorkommt, kann eine überaus explosive Mischung sein und genau zu den Problemen führen, die Stefans Lehrer mit ihm haben.

d) Was ihm offensichtlich fast vollständig fehlt, sind die Stärken des Mitarbeitertyps wie innere Zufriedenheit, Ausgeglichenheit und Beständigkeit sowie die Stärken des Tatentyps, nämlich Fröhlichkeit und die Freude an sportlichen Aktivitäten.

Weitere Mischtypen

Mit einem derart ausgearbeiteten Persönlichkeitsprofil bewegen wir uns weg von einem „Schubladenblick" und hin zur Individualität des Kindes.
Interessant zu betrachten sind auch andere Mischtypen. Sehen wir uns daher z.B. einen Mischtyp aus Denk- und Mitarbeitertyp einmal näher an:

Ein Denk- und Mitarbeitertyp

a) Ein Mischtyp aus Denktyp und Mitarbeitertyp, bei dem die phlegmatischen Eigenschaften besonders stark ausgeprägt sind, wird sicherlich während seiner gesamten Schullaufbahn häufig Bemerkungen zu hören bekommen, wie: „Du könntest viel mehr, wenn du nur wolltest!", oder „Deine Leistungen bleiben weit hinter deinen Fähigkeiten zurück, bring dich doch mal aktiver in den Unterricht ein!". Einen eher positiven Effekt wird dieser Mischtyp dadurch haben, dass er wahrscheinlich weniger überheblich ist als ein reiner Denktyp und wahrscheinlich auch praktische Tätigkeiten ausdauernder erledigen kann.

Ein Fühl- und Tatentyp

b) Auch bei einem Mischtyp aus Fühltyp und Tatentyp (mit Hauptfunktion beim Tatentyp besteht der Ausgleich darin, dass sich die charakteristischen Schwächen des jeweiligen Typs zum Teil gegenseitig aufheben: Ein solches Kind wird in der Klasse wegen seiner Fröhlichkeit (Aspekt Tatentyp) und seines Mitgefühls (Aspekt Fühltyp) besonders beliebt sein. Der Hang des Fühltyps, z.B. besondere Vorlieben und Abneigungen zu haben, wird stark abgeschwächt werden durch den Hang des Tatentyps, alles Neue interessant zu finden. Die Tendenz des Tatentyps, sich mit allen Dingen nur oberflächlich und vorübergehend zu beschäftigen, wird wiederum durch die Tendenz des Fühltyps, sich mit manchen Dingen sogar verbissen auseinander zu setzen, abgeschwächt.

Denk- und Fühltyp

c) Ein Mischtyp aus Denk- und Fühltyp wird – wenn es sich um einen ausgeglichenen Schüler handelt – zumeist gute intellektuelle Fähigkeiten haben, aber auch kreativ und hilfsbereit sein.

So finden wir also bei manchen Mischtypen im Hinblick auf optimale Lernerfolge eine Verstärkung einmal der günstigen und einmal der ungünstigen Eigenschaften. Bei manchen Mischtypen heben sich – wie wir sehen konnten – sogar bestimmte Eigenschaften gegenseitig auf oder kommen nur noch in abgeschwächter Form vor.

Über die Gefahren beim Umgang mit Typenbeschreibungen

Bei der Zuordnung eines Schülers zu einem bestimmten Typ sollten möglichst auch andere Beobachter hinzugezogen werden, die den eigenen, immer einseitigen, weil typbedingten, Eindruck überprüfen können.
Nur mit Fragen wie: „Ist dieser Schüler auch in dieser oder jener Situation...?“ oder „Kann dieses oder jenes Verhalten auch anders gedeutet und beurteilt werden?“; „Wie sehen meine Kollegen das...?“; „Warum beurteilt Kollege x die Situation so anders als Kollege y? Spielen persönliche Einstellungen dabei eine Rolle?“ werden wir dem Schüler wirklich gerecht und tasten uns damit ein Stück näher an seine Individualität heran.

4 Die vier Schülergrundtypen und das angemessene Lehrerverhalten

Zweiter Teil der Kindbesprechung

Entscheidungsfindung

Im ersten Teil der Kindbesprechung ging es um die angemessene Beschreibung des Lernverhaltens unseres Beispielschülers Stefan. In diesem Kapitel kommt es darauf an, das Lehrerverhalten herauszufinden und festzulegen, mit dem wir ihn bei seinem erfolgreichen Lernen besonders angemessen begleiten können. Die Kernfrage ist also:

Wie verbessere ich als Lehrer den Lernerfolg meines Schülers?

Bei der Begleitung des Schülers geht es um die Unterstützung seiner Stärken und um einen förderlichen pädagogischen Umgang mit seinen Schwächen.
Was ihm gut beim Lernen gelingt, zählen wir zu seinen Stärken. Etwas schwieriger scheint der Umgang mit seinen Schwächen. Der Zugang dazu wird erleichtert, wenn wir uns folgende Überlegungen in Erinnerung rufen:

Unter „Schwächen" wollen wir extrem ausgeprägte Lernverhaltensweisen verstehen, wie ein vorwiegend „einseitiges oder oberflächliches Interesse" oder auch einen „übergroßer Ehrgeiz", wie er beim Denktyp auffällig ist. Diese besondere Form des Ehrgeizes führt dazu, dass der Denktyp am liebsten selbstständig arbeiten möchte. Ein solches individualistisches Verhalten kommt seiner schnellen Auffassungsgabe entgegen und sichert ihm im Übrigen seine herausragende Position in der Lerngruppe.

Noer nannte diese spezielle einseitige Lern- und Verhaltensstrategie ein „Denken ohne Zusammenarbeit".
Ein „extrem einseitiges Interesse" war bei ihm auch ein „Fühlen ohne zu denken" und ein anderes „extrem oberflächliches Interesse" hieß bei ihm ein „Handeln ohne zu denken".

Da ein jedes Lernverhalten – ob wir es wollen oder nicht – stets Stärken und Schwächen aufweist, sind beide in einem engen Zusammenhang zu sehen. Sie ähneln kommunizierenden Röhren: Ein Schüler mit sehr vielen Lernstärken wird weniger Lernschwächen aufweisen als ein anderer, der über sehr viele Lernschwächen verfügt.

Insgesamt werden in unserer Typendiagnostik demnach zwei Gruppen von typenbezogenen Erziehungsmaßnahmen unterschieden:

a) Lehrerverhaltensweisen und Unterrichtsmethoden, die die Stärken des jeweiligen Schülerverhaltenstyps unterstützen
b) Lehrerverhaltensweisen und Unterrichtsmethoden, die die Schwächen des jeweiligen Schülerverhaltensmusters ausgleichen.

Ein Exkurs zum Thema „Schlüsselqualifikationen“ soll belegen, dass diese Zusammenhänge auch aus einem anderen Blickwinkel betrachtet werden können. Wir wollen ihn im Anschluss an Heinz Klippert aufzeigen:
In seinem Buch „Pädagogische Schulentwicklung“ beschäftigt er sich recht ausführlich mit diesen Schlüsselqualifikationen.
Dort dokumentiert er die Stellungnahmen einzelner Großunternehmen und des Instituts für empirische Pädagogik in München und fasst sie so zusammen:

Schlüsselqualifikationen entwickeln

- die Fähigkeit zu vielseitigem Wissenserwerb,
- die Fähigkeit zu Teamarbeit und Kooperation (Soziale Kompetenz),
- ein ausgeprägtes Maß an Verantwortungsfähigkeit und Durchhaltevermögen,
- die Fähigkeit, eigeninitiativ und selbständig Lösungsstrategien zu entwickeln.[1]

Mit der „Fähigkeit zu vielseitigem Wissenserwerb“ ist aus der Sicht von Unternehmen nicht länger mehr allein die „Fachkompetenz“ gemeint, sondern die „Kompetenz zum Wissensmanagement“, d.h., es geht um die Antwort auf die Frage: Wie kann bei einer allgemein feststellbaren Explosion des Wissens Überblick bewahrt und Orientierung dafür hergestellt werde, welches Wissen wichtig ist? Es geht um die Fähigkeit zur Filterung des gesamten Wissensbestandes hinsichtlich seines Nutzens oder seiner Bedeutung für die Bewältigung unternehmerischer Herausforderungen unter Einschluss der fachlichen Kompetenzen.

Welchem Lerntyp mangelt es an welcher Schlüsselqualifikation?

Geht es bei einem solchen Wissensmanagement um die Kompetenz, einen vorhandenen Wissenspool zu strukturieren und funktional zu meiner Arbeit zu bewerten, stellt sich im Bezug auf unsere Lerntypendiagnostik die Frage: Welche Schlüsselkompetenz fehlt eigentliche welchen Lerntyp am meisten? Oder umgekehrt formuliert: Welchem Lerntyp mangelt es an welcher Schlüsselqualifikation?

Die Antworten auf diese zentralen Fragen ergeben folgendes Bild:
Dem Denktyp mangelt es mitunter an der Fähigkeit zur Teamarbeit und Kooperation, dem Fühltyp an der Fähigkeit zum vielseitigem Wissenserwerb (er lernt nur für seine Lieblingsfächer), dem Tatentyp an einem ausgeprägten Maß an Verantwortungsfähigkeit und Durchhaltevermögen und dem Mitarbeitertyp an der Fähigkeit, eigeninitiativ und selbständig Lösungsstrategien zu entwickeln.

[1] vgl. Klippert, Heinz: Pädagogische Schulentwicklung, Weinheim, Basel 2000, S. 22ff.

Diesen Schlussfolgerungen ist zu entnehmen, dass sich die von Heinz Klippert zusammengestellten vier Schlüsselqualifikationen ausgezeichnet unseren vier Lerntypen zuordnen lassen. Dieser komplementäre Ansatz einer Zuordnung von Stärken und Schwächen zu einem Lerntyp hilft uns erheblich weiter bei der angemessenen Unterstützung der Stärken und beim pädagogischen Umgang mit Lernschwächen bei der Lernbegleitung. Ein optimales Lehrerverhalten besteht in einem Ausgleich von Stärken und Schwächen durch eine ausgleichende Erziehung.

Ausgleichende Erziehung geht Fragen nach wie: „Braucht dieses Kind vielleicht einen Impuls von außen, um z.B. mehr ins Denken zu kommen, oder jenes Kind vielleicht einen Impuls, um teamfähig zu werden?“ – Ein drittes Kind muss vielleicht lernen, tatkräftig zuzupacken, und ein viertes Kind vielleicht dringend lernen, ausdauernder in seinem Tun zu werden.
Welche Gefahren sich für die vier Lerntypen bei einem einseitigen Lernverhalten ergeben, zeigt in Anlehnung an Noer folgende Übersichtstabelle:

Gefahren einseitigen Lernverhaltens

Denktyp	Fühltyp	Tatentyp	Mitarbeitertyp
denken ohne fühlen, handeln oder mitarbeiten...	**fühlen ohne denken, handeln oder mitarbeiten...**	**handeln ohne denken, fühlen oder mitarbeiten...**	**mitarbeiten ohne denken, fühlen oder handeln...**
intellektualisiert und rationalisiert (ignoriert Gefühle)	neigt zu gefühlsmäßigen Überbewertungen	trifft zu schnell Entscheidungen	zerredet das Problem, ohne ins Handeln zu kommen
lehnt Denkanstöße und einen Ausgleich durch andere ab	fehlen eines Ausgleichs durch andere	lernt nicht immer aus seinen Fehlern (handelt zu spontan)	verliert wichtige Arbeitsanweisungen oder Informationen aus dem Blick (denken?)
wirkt im Handeln zögernd	ist gelähmt, kommt schlecht ins Handeln	ignoriert oder leugnet Gefühle und nutzt gewohnte Verhaltensstrategien	nutzt die Mitarbeit anderer für sich aus (Gefühle?)
		verärgert andere durch unstete Mitarbeit (unzuverlässig)	

Stärken unterstützen – Schwächen ausgleichen

Alle Lehrerverhaltensweisen und Unterrichtsmethoden, die in den folgenden Ausführungen den einzelnen Typen zur Unterstützung ihrer Stärken zugeordnet sind, sind zwar grundsätzlich alle für einen guten Unterricht wichtig. Trotzdem sind die Zuordnungen von besonderem Nutzen für den jeweiligen Lerntyp im Sinne einer besonderen Schwerpunktsetzung oder Gewichtung bei der ausgleichenden Erziehung.

Stärken unterstützen und förderliche Unterrichtsbedingungen

1. Denktyp

a) Besonders der Denktyp braucht Lehrer, die in ihrem Unterricht *hohe fachliche Kompetenz* und

b) *methodisch-didaktische Souveränität* zeigen sowie Sicherheit im Umgang mit zwischenmenschlichen Konflikten.
Warum solche Selbstverständlichkeiten?
Der Schülerdenktyp stellt an sich hohe Anforderungen und will sich und anderen stets zeigen, wie gut er ist. Dasselbe erwartet er von seinen Lehrern. Er ist davon überzeigt, dass sie seinen Respekt sozusagen jeden Tag neu verdienen müssen. Daher ist es absolut notwendig, dass

c) ein Lehrer stets *gut vorbereitet* seinen Unterricht beginnt und gestaltet. Zeigt er nämlich dies bereits am Anfang seiner Unterrichtsstunde **nicht**, wirkt er unvorbereitet, und verliert nach wenigen Augenblicken die Aufmerksamkeit seiner Denktypen in der Klasse. Sie wenden sich für den Rest der Stunde von ihm ab, gehen in eine Art innere Emigration oder entwickeln sich zu Störenfrieden – in jedem Falle haben sie allerdings sehr bald das Nachsehen: Aus an und für sich intellektuell begabten Schülern werden Schüler, die mit schlechten mündlichen und schriftlichen Leistungen gerade so das Klassenziel erreichen oder sogar scheitern.

d) Der Lehrer sollte bei dem Denktyp des Weiteren *höhere intellektuelle Anforderungen stellen* (z.B. Extraaufgaben vorbereiten) und

e) ihn in der *Partnerarbeit nach Leistungsstärke* sowie mit anspruchsvolleren Aufgaben nebeneinander setzen.
Beides sind Handlungskategorien, die den Schüler in seinen Fähigkeiten sowohl fördern als auch fordern und seinem Bedürfnis danach, etwas Besonderes zu leisten, entsprechen. Hier darf er wirklich zeigen, was er kann. Daraus folgt dann allerdings, dass

Seite 54

f) der Schüler für besondere Leistungen von seinem Lehrer auch *besondere Wertschätzung* seiner Arbeit erhalten sollte oder einen anerkennenden Vermerk in Form einer guten Zusatznote o. Ä.

Schwächen ausgleichen

Der Denktyp ist oft zu ehrgeizig und besitzt wenig soziale Kompetenz. Soziale Kompetenz gehört aber zu den Schlüsselqualifikationen, die Schülern vermittelt werden sollten. Eine ganz andere Schwäche dieses Typs ist es, mitunter im Denken zu verharren, alles wieder und wieder theoretisch durchzuspielen und einfach nicht ins Tun zu kommen (Denken ohne Handeln). Daher ist im Sinne der ausgleichenden Erziehung wichtig, den Denktyp an *praktische* Tätigkeiten heranzuführen.

Auf folgende pädagogische Mittel und auf die Vermittlung folgender Kompetenzen sollte der Lehrer beim Denktyp besonders achten:

a) *Vermitteln von sozialer Sensibilität*, d.h. der Schüler sollte lernen, hilfsbereit zu sein, Rücksicht zu nehmen und sich in einen anderen hineinzuversetzen (z.B. einem lernschwächeren Schüler bei der gestellten Aufgabe helfen; ihm Zusammenhänge noch einmal erklären).
b) *Vermitteln von Kooperationsfähigkeit*, indem z.B. viele Aufgaben in Partnerarbeit gemeinsam geplant und durchgeführt werden müssen; dabei können gerade die Denktypen lernen, mit Konkurrenzgefühlen, Neid und Missgunst umzugehen.
c) Wichtig ist auch: Bereithalten von Sonderaufgaben, die eine *praktische Tätigkeit für die Gemeinschaft* erfordern, z.B. eine Projektwand gestalten lassen oder ein Lernspiel herstellen lassen.
d) *Toleranz entwickeln:* Hierbei geht es darum, die Verschiedenartigkeit von Menschen zu respektieren und ihre unterschiedlichen Fähigkeiten anzuerkennen. Das beste Fundament dazu liefert auch in diesem Bereich das Planen und Durchführen von Gemeinschaftsprojekten. So ist es für den Denktyp z.B. wichtig zu erleben, dass ein gemeinsames Projekt erst durch viele unterschiedliche Begabungen zum Erfolg führt und dass die besonderen Fähigkeiten der handwerklich oder auch künstlerisch geschickten Mitschüler den gleichen Wert haben, wie die eigenen intellektuellen Fähigkeiten.

Bei den Hilfen zum Ausgleichen einseitiger Entwicklungen beim Denktyp sind also solche Aufgaben richtig, in denen es *nicht* um einen intellektuellen Anspruch geht! Er wird auf diese Weise mit seinen Schwächen konfrontiert und seine Überheblichkeit kann erheblich gemindert werden. Denn hier erlebt er seine eigenen Grenzen.

Seite 55

2. Fühltyp

Stärken unterstützen und förderliche Unterrichtsbedingungen

Für den Fühltyp, der eher ein ganzheitliches, bildhaftes Vorstellungsvermögen hat, ist es besonders wichtig, dass

a) der Unterricht, so oft es geht, am *Erlebnis- oder Erfahrungshorizont des jeweiligen Alters* – bzw. an seinem Umfeld – anknüpft.
Warum? Fühltypen haben am liebsten ein anschauliches Bild vom Unterrichtsinhalt und sie müssen sich gefühlsmäßig mit den Textinhalten (egal ob in Deutsch, Englisch oder Geschichte) verbinden können. Unterrichtsinhalte müssen einen Eindruck bei ihnen hinterlassen („Ach, so ist das, so war das damals."); Unterrichtsinhalte und eigenes Erleben müssen sich miteinander verbinden lassen. Für den Fühltyp ist es außerdem wichtig, Lehrer zu haben, die
b) *Interesse an ihm zeigen* und die zuhören, wenn er wütend, traurig oder verletzt ist. Interesse zeigen, gilt auch z.B. für häusliche Hobbys oder andere besondere Fähigkeiten.
c) Wichtig ist für ihn auch, Lehrer zu haben, die *eigenständige Lösungswege zulassen.* Das ist natürlich nicht in jeder Unterrichtsphase möglich, aber sooft es möglich ist, sollten Sie diesen Schülern, die ja sehr kreativ und nicht selten Querdenker

sind, diese geistige Freiheit ermöglichen. Es zeigen sich dabei oft erstaunliche Ergebnisse. (Mittlerweile gibt es ja auch eine Fülle von methodisch-didaktischen Arbeitsmaterialien für Lehrer auf dem Markt mit ausgezeichneten Anregungen für jedes Fach.)

d) Aber auch das *Besprechen von sozialen Verhaltensweisen* wie Toleranz, Kommunikationsfähigkeit und Verantwortungsbewusstsein – also die Bildung sozialer Einstellungen und Werthaltungen – hat für sie einen besonders hohen Stellenwert: So mögen sie fast alle sozialen Themen, wie „lernen, sich in andere einzufühlen", „lernen, zu diskutieren, ohne dabei zu streiten" oder „lernen, besser miteinander umzugehen".

Wenn man sich nun ab und zu dafür Zeit nimmt und solche Themen hin und wieder bewusst zulässt (auch wenn man kein Klassenlehrer ist), dann ist das die beste Zeitinvestition für ein gutes Verhältnis zu den Fühltypen einer Klasse. Wenn man nämlich keinen „Draht" zu diesen Kindern findet, dann können sie ausgesprochen anstrengend sein.

Schwächen ausgleichen

Den Schwächen des Fühltyps, die ja vor allem darin bestehen, dass diese Kinder emotional oft sehr labil sind und am liebsten nur nach Sympathie, Lust und Laune lernen wollen, begegnen Sie am besten so:

a) Diesem Schüler muss genau mitgeteilt werden, was von ihm verlangt wird; also z.B. die *Unterrichtsziele genau benennen, Aufgaben nüchtern und sachlich einfordern* sowie Überprüfungen konsequent durchführen. Es müssen z.B. sehr differenzierte Konsequenzen für den Fall benannt werden, dass Aufgaben nicht erledigt werden – und zwar je nach Art der Nachlässigkeit. Denn es ist für diesen Schüler ein Unterschied, ob eine Hausaufgabe halb oder gar nicht angefertigt wurde, ob eine Unterrichtsarbeit halb oder nicht beendet wurde. Auf solche Genauigkeiten legt der Fühltypschüler erheblichen Wert.
   Ziel ist: Der Schüler muss lernen, seine Antipathien für einzelne Themen oder Fächer oder seine manchmal sehr ausgeprägte Lustlosigkeit zu überwinden.
   Lassen Sie ihm nämlich in seinem Treiben allzu freien Lauf, dann schaltet er nach kurzer Zeit in manchen Fächern einfach ab und seine tatsächlich erbrachten Schulleistungen haben nichts mehr mit seinem eigentlichen Können zu tun.

b) Auch beim *Aufstellen von Umgangsregeln*, wie z.B. „um Erlaubnis fragen, sich entschuldigen, sich angemessen beschweren, sich angemessen behaupten, Rückmeldungen geben, Fragen und Bitten äußern..." Also: Je nach Umgangsregeln, die aufgestellt wurden, geht es auch hier um eine beständige Mühe des Lehrers, diese Regeln wirklich konsequent einzuhalten. Viele Fühltypen, vor allem, wenn sie besonders stark ausgeprägte Fühltypen sind, verderben u.U. mit ihrer sehr negativen Einstellung und ihrem ständigen Widerspruch die gesamte Unterrichtsatmosphäre. Sie nörgeln und kritisieren, nichts ist ihnen recht zu machen, sie können schlecht Kompromisse eingehen oder Kritik selten konstruktiv äußern. Wenn man sich von diesen Stimmungen zu ebenfalls emotionalen Reaktionen hinreißen lässt, kommt es zu einem sogenannten „hysterischen Duett"; d.h., anstatt dem Schüler mit dem gleichen Reaktionsmuster zu begegnen und die Situation dadurch ins Unberechenbare eskalieren zu lassen, muss auch hier die Lösung heißen: Nüchtern und sachlich bleiben und mit Nachdruck auf die verabredeten Umgangsformen hinweisen. Hier geht es also sehr stark darum, sich als Lehrer zu behaupten und im Konflikt souverän zu bleiben. Eine weitere Herausforderung für viele Lehrer sind die gefühlsmäßigen Überbewertungen, zu denen Fühltypen oft neigen. Hier hilft folgendes Lehrerverhalten:

c) *Emotionale Überreaktionen des Schülers*, wie sich-sofort-angegriffen-fühlen, sich-beleidigt-zurückziehen, sich komplett verweigern wegen eine kleinen Kritik usw., *offen und verständnisvoll ansprechen*, aber dann auch als übertriebene Reaktion deutlich machen.

   Hier geht es um das Vermitteln der sozialen Fähigkeit „Selbstbeherrschung erlernen" und zwar in einem Kontext, in den der Lehrer selbst nicht involviert ist. Nur mit dem nötigen emotionalen Abstand ist es dem Lehrer möglich, den Überreaktionen des Schülers (wie z.B. nach einer schlechten Arbeit das Heft wütend in die Ecke zu donnern) offen zu begegnen, sie offen anzusprechen und sie auf ein gerechtfertigtes Maß, nämlich der tatsächlichen Situation angemessen, zu reduzieren. Auf diese Weise lernt der Schüler, seinen Gefühlen nicht ungehemmt freien Lauf zu lassen, nicht ständig übertrieben zu reagieren, sondern die Situation besser einzuschätzen. Er lernt dabei auch, sich immer häufiger angemessen zu verhalten, Ärger auf Dauer besser zu bewältigen und Bedürfnisspannungen besser auszuhalten. Natürlich ist dieses Verhalten je nach individueller Typenmischung ausgeprägter oder weniger ausgeprägt.

d) *Die Hintergründe für Konfliktsituationen gemeinsam sachlich aufzuarbeiten* stellt für viele Schüler eine wichtige emotionale Orientierungshilfe dar. Für Fühltypen aber ist es geradezu entwicklungsnotwendig – vor allem als Übungsfeld, wenn sie nicht selbst betroffen sind. Denn auch hier geht es um das sachliche Betrachten; und das hilft ja gerade in Konfliktsituationen. Zu diesem Themenbereich gehören Werte, wie Rücksicht nehmen, Kritik konstruktiv äußern, Kompromisse eingehen und Gefühle ohne Zorn äußern lernen. Man kann also zusammenfassend sagen, dass das Besprechen aktueller Konfliktsituationen für diese Schüler eine wertvolle Hilfe zur emotionalen Orientierung ist.

Seite 55

Bevor wir nun mit der Besprechung des nächsten Typs fortfahren, sind – so glauben wir – einige klärende Worte notwendig: Sie könnten sich bei der Lektüre der letzten zwei Seiten gefragt haben, was die vielen Hinweise, die vorwiegend aus dem Bereich psycho-soziale Werteerziehung kommen, eigentlich noch mit Schule zu tun haben.

Schule ist keine therapeutische Einrichtung

Diese Frage kann man sich umso deutlicher stellen, je mehr einem in der eigenen Persönlichkeit viele Verhaltensweisen des Denktyps eigen sind.
Wenn man sich aber nun bewusst macht, dass jedes Lernen in einer Gemeinschaft einen Inhaltsaspekt und einen Beziehungsaspekt (ständige Interaktionen zwischen Lehrern/Lehrern; Lehrern/Schülern und Schülern/Schülern – und den Eltern) hat, und wenn man sich außerdem bewusst macht, dass für ein erfolgreiches Lernen beides auf das Engste miteinander verknüpft ist, dann haben unsere Aussagen hier doch eine gewisse Berechtigung. So führen nach Erkenntnissen aus der Neurobiologie schwelende Konflikte genauso wie zu abstrakter Unterrichtsstoff oder eine zu sachliche Unterrichtsatmosphäre zu negativen Gefühlen mit den entsprechenden Hormonausschüttungen. Die Folge dieser seelischen und physischen Reaktionen sind im Extrem – wie anfangs bereits beschrieben – Lernblockaden, mit dem Ergebnis: Die Aufnahme des Unterrichtsstoffes wird erheblich beeinträchtigt.
Der Denktyp agiert mehr auf der Inhaltsebene (Stoffvermittlung), der Fühltyp jedoch eher auf der Beziehungsebene. Ist die Beziehungsebene aber nicht in Ordnung, weil man vielleicht aus Zeitgründen zu wenig Interesse für die Sorgen, Nöte, Wünsche und Bedürfnisse des einzelnen Schülers aufbringen kann, dann wird man es beim Fühltyp sehr oft mit Arbeits- und Lernverweigerung zu tun haben; oder zumindest werden die Lernerfolge hinter den eigentlichen Fähigkeiten dieser Schüler zurück bleiben.
Prof. Dr. Joachim Bauer, er ist Neurobiologe und Arzt, schreibt in einem seiner jüngsten Aufsätze, dass die Art der Beziehung zwischen Lehrern und Schülern eine zentrale Rolle bei der kindlichen bzw. jugendlichen Motivation spielt:
„Es gibt keine Motivation ohne zwischenmenschliche Beziehung.“ Und: *„Das Geheimnis [...] guter Pädagogik ist: Jugendliche, die sich wahrgenommen und einfühlsam verstanden fühlen, [...] vertragen es, dass man auch ihre Schwächen klar benennt [...]!“* Weiter heißt es bei Bauer:“ *„Lehrkräfte müssen auch führen. Führen heißt [...] als Person zu sich zu stehen, für die eigenen Vorstellungen einzutreten und diesen Gehör zu verschaffen.“*[1]

3. Tatentyp

Stärken unterstützen und förderliche Unterrichtsbedingungen

Der Tatentyp braucht viel Abwechslung und schnelle Erfolgserlebnisse. Und da er am liebsten in irgendeiner Form motorisch tätig ist, unterstützt jeder

a) *handlungsorientierte Unterricht* sein Lernen. Hilfreich für ihn ist des Weiteren, wenn er Lehrer hat, die
b) *kleine Lernschritte planen, Teilziele benennen und schnelle Ergebnisrückmeldungen geben*. Solche und ähnliche pädagogischen Mittel verleihen dem Lernstoff eine überschaubare Struktur. Das hilft diesem Verhaltenstyp, sich auch innerlich zu strukturieren und Erfolgserlebnisse zu haben. Dann kann auch er seine Motivation und seine Aufmerksamkeit aufrechterhalten.

[1] Bauer, Joachim: Spiegelung als Kern der pädagogischen Beziehung: Die Schule aus dem Blickwinkel der Hirnforschung, Stuttgart 2009

c) *Viel loben* ist natürlich für alle Schüler wichtig, aber der Tatentyp ist weniger als die anderen Typen zur eigenen, intrinsischen Motivation in der Lage. Er braucht daher mehr als alle anderen Typen die extrinsische Motivation und diese vor allem in Form der persönlichen Zuwendung und des anerkennenden Wortes.

d) *Geduld nicht verlieren* ist das Zauberwort für den Lehrer im Umgang mit diesen motorischen Kindern. Ihr Bedürfnis nach Bewegung ist so stark ausgeprägt, dass man als Lehrer – je jünger diese Kinder sind- diesem Bedürfnis und der sich automatisch entwickelnden Unruhe nur dadurch sinnvoll begegnen kann, indem man ihr Raum gibt, also z.B.
   - kurz über den Hof laufen oder etwas an die Tafel schreiben oder etwas aus dem Medienraum holen lassen. So ermöglicht man ihnen wichtige Bewegungspausen. Oder:
   - Indem man ihr Bewegungsbedürfnis bereits bei der Wahl einer handlungsorientierten Methode berücksichtigt und z.B. Aufgaben an verschiedenen Stationen erledigen lässt. Rollenspiele gehören auch dazu. Auch auf Karteikarten oder auf Blätter geschriebene Notizen, die dann auseinandergeschnitten und zusammengeklebt werden können, sind hilfreich. Mit anderen Worten: Nicht nur auditive und visuelle Elemente wählen, sondern auch kinetische, sodass man als weiteren Punkt festhalten kann:

e) *Besondere Aufgaben erteilen, die handwerkliches Geschick erfordern*, wie z.B. Projektwand gestalten oder Aufgaben stellen, bei denen es um Flexibilität und schnelles Handeln oder um schnelles Entscheiden geht, wie z.B. Material sichten und zusammenstellen, in Büchern oder im Internet recherchieren. Eine solche Aufgabe braucht die Fähigkeit, sich schnell einen Überblick zu verschaffen und sich nicht in Einzelheiten zu verlieren – und das kann dieser Schülertyp besonders gut.

f) *Bei neuen Unterrichtsinhalten vor allem jene Schüler zu Wort kommen lassen, die mit besonderer Freude und großer Motivation dabei sind* und die manchmal vor lauter Begeisterung sich kaum mehr zurückhalten können. Sich ordnungsgemäß melden muss sein, aber dann sollten sie von ihrem Lehrer auch „drangenommen" werden. Manche Kollegen übersehen lieber diese unruhigen „Geister" und wählen bevorzugt die leisen Schüler. Für den Tatentyp ist das sehr schade, da er seine unglaubliche geistige Flexibilität und sein breitgefächertes Grundwissen in der Regel nur zu Beginn einer neuen Unterrichtseinheit einbringen kann. Bei den weitaus häufiger in der Schule vorkommenden Unterrichtsphasen, die ausdauerndes Üben erfordern, hat der Tatentyp-Schüler seltener die Möglichkeit, adäquate Anerkennung zu erhalten, denn besonders ausdauernd ist er ja gerade nicht.

Seite 54

Schwächen ausgleichen

Besonders charakteristisch für motorische Tatentypen ist ihre Ungeduld, weswegen sie von sich aus selten einer Sache wirklich auf den Grund gehen. Es fällt ihnen schwer,

a) *sich nicht nur oberflächlich mit Inhalten zu beschäftigen und Interesse an Details zu entwickeln.* Ihr Bedürfnis ist es, Neues zu erleben und von einem Eindruck zum nächsten zu huschen. *Diese Kinder neugierig zu machen*, ist daher ein sehr wesentlicher methodischer Kunstgriff. „Neugierde" ist eine der wesentlichen Triebfedern des menschlichen Handelns. Wenn es gelingt, Aufgaben so zu formulieren, dass diese Schüler auf das Ergebnis neugierig werden (z.B. an den Anfang der Aufgabe ein Phänomen oder ein Rätsel setzen oder Spannung erzeugen), dann ist die Lernfreude des Tatentyps hinlänglich aktiviert. Ungemein ausdauerfördernd und sehr hilfreich, um diese lebhaften Kinder motivierend und sinnvoll anzusprechen, kann auch ein kleiner Wettbewerb sein, bei dem die Wahl des geeigneten Weges offen bleibt.
Der tägliche Umgang mit diesen Schülern wird umso leichter und Lernergebnisse werden umso besser, je mehr man bei der Unterrichtsvorbereitung darauf achtet:
b) *„Altes" sollte immer wieder neu verpackt werden.* Das stärkt das Durchhaltevermögen dieses Schülertyps. Also möglichst viele Sinne ansprechen, viel Bewegung ermöglichen (Fein- und Sprechmotorik) und die unterschiedlichsten Alltagssituationen einfließen lassen. Das hilft und gibt das Gefühl von Abwechslung.
Ein weiteres wichtiges Ziel, das wir als Lehrer im Blick behalten müssen, ist es, diesen Schüler
c) *zu verantwortungsbewusstem Verhalten zu erziehen.* Das gelingt, indem wir ihm Aufgaben und Pflichten übergeben, die er über einen längeren Zeitraum ausführen sollte (z.B. Klassenbuch, Blumen gießen, Tafel wischen ...). Verlässlichkeit systematisch zu erlernen, ist für diesen Schüler deshalb so wichtig, weil ein wesentliches Lebenselement von ihm in Spiel und Spaß besteht und er darüber leicht alles andere vergessen kann. Verlässlichkeit und Verantwortungsbewusstsein können ebenfalls wunderbar über Rollenspiele erprobt werden.
Da Spiel und Spaß im Vordergrund stehen, ist auch jede andere Regel, wie z.B. beim Klingeln sofort in den Klassenraum zu gehen, schnell wieder vergessen. Verhaltensregeln im Unterricht werden selten eingehalten, sodass dieser Schüler immer wieder durch störende Aktivitäten auffällt. Als Lehrer tut man daher gut daran, mit den Schülern im Vorfeld nicht nur die Regeln, die gelten sollen, festzulegen, sondern gleichzeitig auch gemeinsam die Maßnahme zu bestimmen, die auf einen Regelverstoß *immer* erfolgen soll (Schüler entwickeln dabei eigentlich immer gute Vorschläge). Diese Maßnahmen können ebenso wie die Regeln selbst schriftlich festgehalten und mit einem großen Poster an die Klassenwand geheftet werden. Daraus ergibt sich:
d) *Auf jeden Regelverstoß muss konsequent und zeitnah eine vorher mit der ganzen Klasse festgelegte Maßnahme erfolgen.*
Wichtig ist in diesem Zusammenhang natürlich auch, als Lehrer selbst Vorbild zu sein. Bei den verabredeten Regeln und Maßnahmen müssen die Schüler sich auf den Lehrer verlassen können.

Seite 55

4. Mitarbeitertyp

Stärken unterstützen und förderliche Unterrichtsbedingungen

Der Mitarbeitertyp schließlich, der ja am liebsten von seinen Mitschülern und durch seine Mitschüler lernt, benötigt:

a) *vielfältige Gruppenarbeit*, denn er ist sehr teamorientiert und schließt sich gerne den Vorschlägen und Aktivitäten der Gruppenmitglieder an. Das Vorbild durch Gleichaltrige wirkt auf ihn geistig anregend und motivierend. Und da er ein sehr zuverlässiger Mitarbeiter mit enorm ausdauernden Fähigkeiten ist, sollten ihm

b) *Aufgaben übertragen werden, die viel Geduld erfordern.*
   Dort ist er in seinem Element und kann der Gruppe – verstärkt durch seine ausgeglichene, ruhige Art – richtig gute Dienste erweisen.
   Da dieser Lerntyp von seinem Wesen her nun einmal eher bequem ist, überfordert er sich nicht gerade. Will man ihn dort abholen, wo er sich gefühlsmäßig befindet, dann geht es hier darum, als Lehrer Verständnis für sein Phlegma aufzubringen. Wichtig ist daher in diesem Zusammenhang das

c) *Formulieren von Mindestanforderungen.*
   Bekommt er nämlich Mindestanforderungen gestellt, fühlt er sich in seinen Bedürfnissen angenommen. Er weiß dann, was er mindestens tun muss, damit der Lehrer mit ihm zufrieden ist. Denn daran ist ihm gelegen.
   Ansonsten wird man den Stärken dieses Verhaltenstyps am ehesten dadurch gerecht, dass man ihm

d) *besondere Aufgaben erteilt, bei denen Verlässlichkeit und ein gutes Verantwortungsgefühl gefragt sind,* eben wie es beispielsweise nötig ist für die Klassenbuchbetreuung oder das Anfertigen eines Protokolls o. Ä.
   Aus seinen Stärken heraus eignet sich der Mitarbeitertyp von allen Typen am besten für die verlässliche Übertragung solcher Aufgaben. Bei ihm wird man als Lehrer am wenigsten kontrollieren müssen. Eher umgekehrt wird es sein, wenn man aus pädagogisch-erzieherischen Gründen für genau diese Aufgaben den Tatentyp, nämlich zum Ausgleichen seiner Schwächen, wählt. Dann hat man mit besonderen Schwierigkeiten umzugehen, die allerdings beabsichtigt sind.

Seite 54

Schwächen ausgleichen

Die charakteristischste Schwäche der Kinder dieses Typs besteht darin, dass sie sehr bequem sind und kaum Eigeninitiative aufbringen. Damit aber ihr Lernergebnis nicht weit hinter ihren tatsächlichen Fähigkeiten zurückbleibt, tut man gut daran, diese Schüler

a) *in den Unterricht aktiv einzubinden*, damit sie nicht wieder in ihr Phlegma zurückfallen und dadurch so manches nicht mitbekommen.
   Aufforderungen, wie: „Schau mal Felix, die Kinder um dich herum melden sich schon wieder, das kannst du bestimmt auch..." oder „Beeile dich, die anderen haben schon längst ihre Hefte eingepackt, du möchtest doch auch schnell in die

Pause...“, solche Aufforderungen, durch die sie sich an den Mitschülern orientieren, sind für diese Kinder eine starke Motivationshilfe.

Wir wiederholen und betonen: Mitarbeitertypen lernen durch andere und von anderen – oder wie Noer sagte: Sie interpretieren das Leben durch Input von anderen.

b) Ihnen *Aufgaben zum selbstständigen Erarbeiten zu geben*, ist demnach ganz besonders bei diesen Kindern so wichtig. Gibt man ihnen ausschließlich die Möglichkeit, sich lediglich in der Gruppenarbeit den Initiativen und Ideen der Mitschüler anzuschließen, würden sie in ihrem Phlegma unterstützt und weiteren Vereinseitigungen würde Vorschub geleistet werden. Eigeninitiativ tätig zu werden, ist daher ein wichtiges Lernziel für Schüler dieses Verhaltenstyps.

c) *In Gesprächsrunden diese Kinder persönlich anzusprechen* geht in die gleiche Richtung. Nur dann, wenn sie sich aktiv selbst artikulieren müssen und sich dieser Aufforderung nicht mehr entziehen können, werden sie ihre Passivität überwinden.

Aufmerksam machen möchten wir an dieser Stelle noch auf ein anderes Phänomen: Wenn es allerdings um ihre eigenen Bedürfnisse geht, können Mitarbeitertypen sehr wohl sehr aktiv und sehr initiativ werden. Dann entwickeln sie eine enorme Durchsetzungskraft.

Ein kleines Beispiel, das wir bei einer Hospitation erlebten, sei hier geschildert: Ein Schüler einer 7. Klasse schwitzte, weil es ihm im Klassenraum zu warm war. Er riss immer wieder das Fenster auf, ohne sich darum zu kümmern, dass seine Mitschüler zunehmend wütender auf ihn wurden, weil sie froren. Für ihn zählte nur sein Bedürfnis nach Kühle. Ihm war es eben zu warm! Ähnliches kann man immer wieder bei diesem Typ erleben, wenn er z.B. zur häuslichen Durchführung seiner Hausaufgaben keine Lust hat, weil ihm das vielleicht zu anstrengend ist. Dann kann er sich auf einmal sehr aktiv und sehr vehement dagegen stellen und die Stimmung ordentlich verderben. Hintergrund für ein solches Verhalten ist die Tatsache, dass im Mittelpunkt seines Interesses er selbst steht. Seine Bedürfnisse und seine Bequemlichkeit sind Maßstab für alles. Er will vor allem in Ruhe gelassen werden.

d) *Klare Aufgabenverteilung in der Gruppenarbeit*

Zusammenarbeiten bedeutet für den Mitarbeitertyp, dass er sich dann nicht so sehr anstrengen muss, wie wenn er alleine arbeiten müsste.

Seite 55

Deshalb raten wir dazu, besonders bei Mitarbeitertypen in der Gruppenarbeit unbedingt auf eine klare Aufgabenstellung und -verteilung Wert zu legen, damit dieser Schülertyp keine Möglichkeit hat, die anderen auszunutzen und es sich bequem zu machen.

Das typengerechte Lehrerverhalten – ein Überblick

Erfolgserlebnisse verschaffen

Stärken unterstützen und Erfolge ermöglichen

Denktyp	Fühltyp
Die Lehrkraft sollte	Die Lehrkraft sollte
fachliche Kompetenz zeigen	Unterrichtsinhalte so planen, dass Schüler sich gefühlsmäßig verbinden können (bildhaft unterrichten)
sachlich und gut strukturiert sein	besondere Begabungen/Hobbys durch Extraaufgaben berücksichtigen
höhere intellektuelle Anforderungen stellen (Extraaufgaben vorbereiten)	Interesse zeigen und aktiv auf das Kind zugehen
in der Partnerarbeit nach Leistungsstärke nebeneinander setzen	Austausch über soziale Werte und Normen ermöglichen (Konflikte besprechen!)
besondere Leistungen besonders anerkennen (sachliches Lob, gute Zusatznote)	eigene Lösungswege zulassen
Tatentyp	**Mitarbeitertyp**
Die Lehrkraft sollte	Die Lehrkraft sollte
handlungsorientierten und praxisnahen Unterricht planen	vielfältige Gruppenarbeit anbieten
Unterrichtsthema in kleine Teilziele überschaubar aufteilen	besondere Aufgaben erteilen, die viel Geduld erfordern
Erfolgserlebnisse in kleinen Lernschritten ermöglichen	besondere Aufgaben erteilen, bei denen Verlässlichkeit gefragt ist
ein hohes Maß an persönlicher Zuwendung zeigen, viel loben	Mindestanforderungen formulieren ➜ Verständnis für eine gewisse Bequemlichkeit zeigen
dem großen Bewegungsbedürfnis Raum geben	

Schlüsselqualifikationen entwickeln

Schwächen ausgleichen und Misserfolge auffangen

Denktyp	Fühltyp
Die Lehrkraft sollte	Die Lehrkraft sollte
Helferaufgaben erteilen	klare Umgangsregeln aufstellen und konsequent einfordern
Aufgaben erteilen, die in Partnerarbeit geplant und durchgeführt werden	Unterrichtsziele genau benennen und sachlich einfordern
Aufgaben erteilen, die praktische Arbeiten für die Gemeinschaft beinhalten	Verweigerungen und Provokationen offen mit dem Schüler besprechen und gemeinsam nach Lösungen suchen
Respekt vor den Fähigkeiten anderer Schüler vermitteln: viel in Gruppenarbeit und Gemeinschaftsprojekte einbinden	Hintergründe für Konfliktsituationen gemeinsam sachlich aufarbeiten
Tatentyp	**Mitarbeitertyp**
Die Lehrkraft sollte	Die Lehrkraft sollte
Unterricht so planen, dass er neugierig macht und Interesse an Details weckt	auf die guten Leistungen von Mitschülern aufmerksam machen und zum Nacheifern motivieren
„Altes" immer wieder neu verpacken ➜ zum ausdauernden Üben anhalten	Aufgaben zum selbstständigen Erarbeiten gezielt erteilen ➜ Phlegma entgegen wirken
Pflichten übertragen, die verlässlich erfüllt werden müssen	ihn in die Unterrichtsaktivitäten aktiv einbeziehen
Regeln gemeinsam festlegen und auf jeden Regelverstoß konsequent und zeitnah reagieren	auf klare Aufgabenverteilung in der Gruppenarbeit achten

Hinweise zur praktischen Umsetzung

Alle besprochenen Maßnahmen sind natürlich nur als Gesprächsgrundlage gedacht, also für eine Überlegung darüber, was das Kind braucht. Es geht demnach auch hier – wie bereits bei dem Diagnosebogen – nur um eine Orientierungshilfe. Die praktische Umsetzung müsste sehr individuell besprochen werden. Es sollte für den einzelnen Schüler und das einzelne Fach genau überlegt werden, was für den Schüler als angemessen gelten und vereinbart werden kann.

Seite 106

Eine gute Hilfe und eine Reihe von Hinweisen zur praktischen Umsetzung bietet auch eine sehr differenzierte Gegenüberstellung in Anhang 4.

Zusammenfassung

Vorrang vor jeder „ausgleichenden Erziehung" – also vor dem Ausgleichen einseitiger Lernverhaltensmuster – hat immer die Suche nach den besonderen individuellen Stärken eines Schülers. Diese zu erkennen und den Unterrichtsstoff für das jeweilige Begabungsprofil flexibel aufzubereiten, ist der eigentliche Zweck einer jeden Lerntypenbestimmung. Denn es geht eben nicht – wie zuweilen befürchtet – darum, eine bequeme „Schublade" für jeden Schüler zu finden, sondern es geht um eine differenzierte Wahrnehmung des spezifischen Lernverhaltens eines Kindes, um dann festzulegen, was es für ein noch erfolgreicheres Lernen an wirksamer individueller Förderung benötigt. Mit Hilfe der Typenbeschreibungen eröffnet sich die Möglichkeit, dieses ressourcenorientierte Vorgehen zu nutzen.

Dritter Teil der Kindbesprechung

Beschlussfassung

Der dritte Teil der Kindbesprechung hat das Ziel, angemessene Verhaltensformen des Lehrers oder der Lehrergruppe zu vereinbaren, welche am besten den Schüler bei seinem Lernen fördern. Am Anfang einer solchen schülerbezogenen Beschlussfassungsphase steht die Frage:

- Durch welche Maßnahmen kann Stefan in seinen Stärken unterstützt und mit welchen Maßnahmen können seine Schwächen oder seine ihn selbst in seinem Lernen behindernden Verhaltensweisen ausgeglichen werden?

Seite 54

Dazu erhält jeder Teilnehmer der Kindbesprechung die beiden Überblickstafeln und markiert diejenigen Lehrerverhaltenskategorien, die als Maßnahmen infrage kommen.
Die am häufigsten markierten Verhaltenskategorien von allen Kollegen werden dann zur Grundlage für eine gemeinsame Erörterung mit dem Ziel, einen individuellen Maßnahmenkatalog zu erstellen.

Folgendes Verfahren hat sich als besonders erfolgreich herausgestellt. Es beinhaltet drei Aufgabenstellungen für die beteiligten Kollegen:

1. Verständigen Sie sich bitte auf zwei bis vier Verhaltenskategorien aus dem Bereich „Stärken unterstützen/förderliche Unterrichtsbedingungen"
2. Verständigen Sie sich bitte auf mindestens zwei Maßnahmen aus dem Bereich „ausgleichende Erziehung".
3. Übertragen Sie bitte schließlich die beschlossenen Verhaltenskategorien und Maßnahmen in den individuellen Maßnahmenkatalog.

Seite 110

Will man sich als Klassen- oder Fachlehrer zunächst ein eigenes Bild über den optimalen Umgang mit einem Schüler machen, wäre es von großem Vorteil, wenn man mindestens einen weiteren Kollegen (nach Möglichkeit aus einem anderen Fachbereich, z.B. Sprachenlehrer, wenn Sie Naturwissenschaftler sind) bitten wür-

de, die Auflistung ebenfalls zu bearbeiten, damit die Ergebnisse dann miteinander verglichen werden können. Nur so kann ein allzu subjektiver Blick auf den Schüler relativiert werden.
Für Stefan entstand auf diese Weise folgender "Individueller Maßnahmenkatalog": Es handelt sich dabei – wie zuvor bereits erwähnt – lediglich um *richtungsweisende Maßnahmen* für Stefan, die in einem zweiten Schritt für jedes einzelne Fach noch mit praktischen Beispielen versehen und differenziert aufgegliedert werden müssen und die in einem dritten Schritt mit weiteren *Ideen zur Umsetzung* zu ergänzen sind.

Seite 60

Der individuelle Maßnahmenkatalog für Stefan (1. Schritt)

	1. Vereinbarung	2. Vereinbarung	3. Vereinbarung	4. Vereinbarung
Wichtige Unterrichtsbedingungen und Maßnahmen, die in den Stärken unterstützen	• Extraaufgaben vorbereiten → höhere intellektuelle Anforderungen stellen • eigenständige Lösungswege dabei zulassen	• Besondere Fähigkeiten sooft es geht im Unterricht berücksichtigen • besondere Leistungen gezielt anerkennen (z.B. gute Zusatznote geben)	• Raum geben für den Austausch über soziale Werte und Normen	• Interesse an Stefan aufbringen und ihn, so oft es geht, persönlich ansprechen
Maßnahmen zum Ausgleichen von Schwächen	• Umgangsregeln aufstellen und konsequent einfordern, z.B. sich angemessen behaupten, sich angemessen beschweren	• Hintergründe für Konfliktsituationen sooft es geht gemeinsam aufarbeiten und nach Lösungen suchen	• Stefans emotionale Überreaktionen, wie z.B. Provokationen und Aggressionen, offen ansprechen und seine Gründe hinterfragen	

Methodische Umsetzung

Der individuelle Maßnahmenkatalog für Stefan (2. Schritt)

	1. Vereinbarung	2. Vereinbarung	3. Vereinbarung	4. Vereinbarung
Wichtige Unterrichtsbedingungen und Maßnahmen, die in den Stärken unterstützen	**In Englisch** • Thema „Zeiten“: Regeln und ihre Ausnahmen von Stefan herausarbeiten lassen (evtl. auf Plakat) • Regeln in log. Zusammenhänge bringen lassen (Wenn-Dann Aussagen) • Eselsbrücken oder lebendige Beispiele suchen lassen **In Deutsch** • Thema „Bericht und Erzählung“: Unterschiede herausarbeiten lassen • Thema „direkte und indirekte Rede“: Programmheft für ein Theaterstück schreiben lassen **In Mathematik** • Thema „eigene Übungs- und Textaufgaben“ ausdenken lassen • Übungen und Aufgaben in einzelne Abschnitte aufteilen lassen • die nächste Stunde inhaltlich vorbereiten lassen.	**In Physik** (Stefans Hobby) • Vorgehensplan für eine Unterrichteinheit entwickeln lassen; Zeitvorgaben ausarbeiten lassen • Experiment ausdenken und vorführen lassen • praktische Beispiele ausdenken lassen • Plakat mit Kernaussagen zu einem Thema herstellen lassen • Unterrichtsthema in bildliche Darstellung bringen lassen (Visualisierungen, z.B. Diagramme) • Spickzettel erstellen lassen • wichtige Formeln auf Karteikarten festhalten lassen • logische Schlussfolgerungen ziehen lassen	**Über Gruppen- und Arbeitsprozesse reflektieren** • erarbeiten, was, wie, warum etwas gut war • besprechen, welche Emotionen der Gruppenmitglieder dabei förderlich oder hemmend waren • Regeln erarbeiten für: „Aktives Zuhören“, „Kritisieren in angemessener Weise“ *(Zu diesen u. ä. Themen gibt es Unterrichtsmaterialien, Texte, Rollenspiele)*	**z. B.** • Verständnis zeigen • Anteil nehmen • seine Nöte ernst nehmen

	1. Vereinbarung	2. Vereinbarung	3. Vereinbarung	4. Vereinbarung
Maßnahmen zum Ausgleichen von Schwächen	**z. B.** • Stefan an den geltenden sozialen Verhaltenskodex erinnern oder mit allen Schülern einen solchen ausarbeiten • (Beispiele: „den anderen und sein Eigentum achten"; „nicht beleidigen", „ehrlich sein")	**z. B.** • den Vorfall mit Stefan genau analysieren • Stefan beauftragen, über sein Anliegen nachzudenken, welches seinem Verhalten zugrunde lag (war es berechtigt?) • Mit Stefan gemeinsam einen Präventionsplan entwickeln	**z. B.** • Sofort-Gespräche mit Stefan führen, um sein unangemessenes Verhalten direkt nach dem Vorfall mit ihm zu analysieren und mit ihm nach Lösungen zu suchen • ihn beauftragen, selbst Lösungen zu formulieren	

Eine Vielzahl weiterer, auch handlungsorientierter Ideen mit methodischen Hinweisen für die praktische Umsetzung enthält die nachfolgende Ideensammlung.

Ideenliste zur typengerechten methodischen Umsetzung (3. Schritt)

Der Denktyp

Schüler, die am besten mit logischen Abfolgen strukturiert und organisiert lernen:

- Übungen und Aufgaben in einzelne Abschnitte aufteilen
- Tagesordnungspunkte aufstellen
- Schritt für Schritt lernen
- nach Zeitplan vorgehen
- Schemata und Muster erkennen
- Arbeitspensum umreißen oder auflisten
- Lerninformationen in Listen oder Diagrammen darstellen
- einen Vorgehensplan ausarbeiten
- Aufgabenheft ordentlich führen
- Strukturen und klare Ziele festlegen
- mit Fragelisten arbeiten, um die Gedanken zu strukturieren
- Zeitvorgaben ausarbeiten
- ein Blatt mit Regeln und ihren Ausnahmen anlegen
- W-Fragen einsetzen
- Fehler analysieren und typische Fehlermuster suchen
- eigene Aufgaben überprüfen, z.B. mit Hilfe von Lösungsschlüsseln oder Lernprogrammen
- Bearbeitungsrichtlinien auflisten
- logische Folgerungen aus dem Unterrichtsstoff ziehen
- viele verschiedene Mathematikaufgaben untersuchen und Gemeinsamkeiten oder Unterschiede bei den Lösungen herausarbeiten
- Gespräche mit Buchhaltern, Bankangestellten etc. über deren Arbeitsbereiche und Arbeitstechniken führen
- zur Lösung von Konfliktsituationen die Gründe beider Parteien analysieren
- Einzelheiten von den Vorfällen sammeln
- einen Ablaufplan für Konfliktlösung ausarbeiten
- eigene Frustrationserlebnisse und ihre möglichen Ursachen aufschreiben
- eine Liste über Gefühle und die dazugehörigen Vorkommnisse anlegen

Schüler, die besonders gut denken können, wenn sie lesen oder auf Sprache hören:

- Briefe an Freunde schreiben und darin beschreiben, was man gerade lernt
- fremde Texte überarbeiten
- Informationen erläutern
- freies Schreiben, bei dem ohne jegliche Themen- oder Textvorgaben aus eigenem Antrieb ein Text geschrieben wird
- Notizen anfertigen
- Geschichten nacherzählen oder in Worten skizzieren
- im Internet surfen
- im Zusammenhang mit einer Geschichte lernen
- Projektarbeit durchführen und Berichte darüber schreiben
- Journale, Texte und Drehbücher (z.B. für Spielszenen)schreiben
- Cornell-Methode, um Mitschriften von Lerninhalten zu strukturieren (links und unten breiten Rand lassen; Notizen auf die Mitte des Blattes; links Fragen zu Notizen; Zusammenfassung unten)
- Schreibkonferenzen: Text auf jede 2. Zeile schreiben; in Kleingruppen sprachliche u. inhaltliche Aspekte besprechen
- Eselsbrücken zu Standardrechenaufgaben ausdenken
- einem Mitschüler Rechenaufgaben erklären
- einzelne Arbeitsschritte aufschreiben
- Text- und Wortaufgaben ausdenken, die Rechnungen enthalten
- Biografien berühmter Mathematiker, um deren Gedanken zu verstehen
- Lese- und Literaturwettbewerbe, Hobby-Schreibclubs
- Aufträge in Büchereien durchführen
- „Cloze-Methode“ zum Leseverstehen und zur Sprachbeherrschung (Lückentexte mit gezielt weggelassenen Wörtern)
- bei Konflikten aufschreiben, wer, wann, was gesagt hat
- Brief schreiben und berichten, was geschehen ist und was man daraus gelernt hat
- sich fragen, was man hätte anders machen können
- einen Aufsatz über den Vorfall schreiben, jedoch mit neuem Schluss

Der Fühltyp *Schüler, die am besten mit Klangmustern lernen:*

- Wörter, Begriffe oder Formeln rhythmisch umsetzen
- eigene Gedanken und neue Vokabeln zu einem selbst geschriebenen Rap verarbeiten
- Musik schreiben, die zur Stimmung des Unterrichtsthemas passt
- Notizen laut lesen und sie dabei herunterleiern
- laut lesen und sich dabei auf Band aufnehmen, dann die Aufnahme abhören
- konzentrieren auf den Klang von Wörtern
- Notizen in Reimen, Gedichten oder Liedern aufschreiben
- über berühmte Musiker schreiben
- rechnerische Fakten (z. B. 1x1) in einem bestimmten Rhythmus auf Band aufnehmen
- Formeln über die Töne des Telefon-Tastenblocks einprägen
- Verse schreiben zu einem Lied, das beim Einüben von Merksätzen in Mathematik hilft
- zum Lösen von Konflikten einen Rap oder ein Musical schreiben, in dem die Personen, die in dem Streitfall verwickelt sind, vorkommen
- Musik schreiben, die Gefühle ausdrückt, welche bei friedlichen Konfliktlösungen aufkommen
- auf den Tonfall oder den Akzent des Sprechers hören
- mit den Fingern klopfen oder den Füßen wippen

Schüler, die am besten durch ganzheitlich-bildhafte Darstellungen lernen:

- Gedanken und Einfälle in einem Schaubild darstellen
- Handlungskurven von Geschichten zeichnen
- Bilder zu Lerninhalten suchen und beschreiben
- aus Schaubildern, Karten und Diagrammen lesen
- einen Einfall als Comic-Strip zeichnen oder Männchen malen
- Bilder suchen, die Begriffe veranschaulichen
- nach der Methode des entdeckenden Lernens vorgehen (Lehrer gibt nur Fakten und ein paar Beispiele, Schüler finden Lösungswege durch Nachforschen und Ausprobieren)
- alleine spontane Einfälle in Mind Maps sammeln
- in einer klar strukturierten Umgebung Freiraum erhalten, um kreativ zu sein
- Lernstoff mit persönlichen Schwerpunkten und Anliegen verbinden
- für Aufgaben längere Bearbeitungszeit erhalten, um zu grübeln, forschen und erneut zu prüfen
- unterstreichen mit verschiedenen Farben
- sich auf Kernaussagen konzentrieren und sich Fragen dazu ausdenken, die man im Unterricht stellen kann
- den Lernstoff mit eigenen Erfahrungen und Gefühlen in Verbindung bringen
- Informationen auf Overhead-Projektoren, Tafeln usw. lesen
- im Geiste Bilder entstehen lassen, wenn jemand spricht oder vorliest
- sich einen Überblick verschaffen; zuerst das große Bild ins Auge fassen
- wichtige Dinge gestalterisch hervorheben
- über eigene Themen schreiben
- Vokabeln nach der „Fernald-Methode" lernen (Vokabel mit Wachsmalkreide auf Karteikärtchen schreiben und mit Finger nachfahren)
- sich hineinversetzen, wie die Verben sich anfühlen
- eigene Lesezeichen mit optischen Merkhilfen für Wörter erfinden
- farbige Schnellmerk-Karteikarten benutzen
- bei Lernunlust: sich über die augenblicklichen Gefühle klar werden und sie dann vorübergehen lassen
- sich vorstellen, völlig ruhig und ausgeglichen zu sein
- sich bildlich vorstellen, wie man sich anders verhalten könnte
- herausfinden, welche Gefühle vor einem Frustrationserlebnis auftreten
- zum Nachdenken einen ruhigen Platz aussuchen
- einen Präventionsplan entwickeln, damit sich das gleiche, enttäuschende Erlebnis nicht wiederholt
- bei Konflikten: Den Vorfall genau analysieren und alle möglichen Konsequenzen vorstellen
- Schritte auf dem Weg zur Konfliktlösung als Flussdiagramm darstellen
- über die Anliegen und Wertvorstellungen nachdenken, die dem Verhalten zugrunde liegen (Philosophie)

Der Tatentyp

- praktisch arbeiten und lernen
- experimentieren
- Gedanken auf Karteikärtchen schreiben, damit man sie handhaben kann
- Notizen schneiden und zusammenkleben
- etwas herstellen, was den Unterrichtsstoff darstellt, z.B. ein Brettspiel entwickeln
- während des Zuhörens schreiben
- Notizen nochmals abschreiben
- etwas schauspielerisch darstellen, dann niederschreiben
- Ideen auf Karteikarten oder Haftzettel schreiben und die Reihenfolge gezielt variieren, häufig üben und dabei mit mehreren Sinnen wahrnehmen
- Rollenspiele durchführen (auch in Konfliktsituationen)
- an die frische Luft gehen
- wenig gleichzeitig erledigen und aktive Bewegungspausen einlegen
- aufstehen und an die Tafel schreiben
- Aufgaben an verschiedenen Stationen erledigen
- beim Lesen das Buch hin und her bewegen
- mit einer Tastatur schreiben
- ein Stück schreiben und es aufführen
- beim Lesen mit dem Finger auf das Wort zeigen
- betontes Lesen durch den Einsatz von Mimik oder Gestik
- Rechenaufgaben mit Gegenständen aufbauen oder aus verschiedenen Materialien selbst herstellen
- Textaufgaben: Fragestellungen und Lösungen schauspielerisch darstellen
- angeleitete Erkundungen im Freien
- praktische Erfahrungen in Betrieben, Werkstätten, Museen usw. sammeln
- vor und nach der Stillarbeitszeit kurz nach draußen gehen oder Dehn- und Streckübungen machen
- Sofort-Gespräche führen, um unangemessenes Verhalten direkt nach dem Vorfall zu analysieren und nach Lösungen zu suchen

Der Mitarbeitertyp

- zusammen mit anderen Ideen im Brainstorming sammeln
- zusammen mit anderen einen Lernvertrag erstellen über Verhalten, Aufgabenerfüllung, Zuständigkeiten in der Klasse usw.
- Lerninformationen über die Erfahrungen anderer Personen aufnehmen
- sich an gemeinnützigen Projekten beteiligen
- im Team arbeiten
- mit einem Freund lernen
- fremde Notizen als Vorlage nehmen
- Notizen nochmals abschreiben und dabei für jüngere Schüler vereinfachen
- für jemanden mitschreiben, der nicht da ist
- eigene Notizen mit denen von Mitschülern vergleichen
- Schreibkonferenzen durchführen
- fremde Schreibarbeiten Korrektur lesen
- mit dem Rollentauschverfahren arbeiten (Leseverstehen fördern: einer liest, einer hört zu und denkt sich Fragen zum Text aus, die der Leser beantworten muss; dann wechseln)
- sich Gedanken machen, was für den Sprecher wohl wichtig ist
- gelesene Texte nacherzählen
- beim Rechnen: durch die Fehler der anderen lernen
- mit anderen Schülern Gedanken austauschen
- Mitschüler fragen, wie sie die Aufgabe gelöst haben
- ehrenamtliche Hilfsdienste ausführen
- in einer Klassenversammlung Schriftführer sein
- bei Konfliktlösungen: einen Helferkreis aufbauen (Helfer sammeln Ideen, wie geholfen werden kann, und setzen sie um)
- an Gruppenmediationsprogrammen teilnehmen und dann als Mediator mithelfen, Lösungen zu finden
- Mitschüler beobachten und deren Arbeitsstil kennenlernen[1]

Seite 113

Auch in der mittlerweile sehr umfangreich gewordenen Literatur zu den Themen „Fördern und Fordern", „Freude am Lernen", „Soziales Lernen", „Spiele für den Unterricht" finden sich viele weitere Anregungen (vgl. auch Literaturverzeichnis).

Bei den Maßnahmen, die für Stefan ausgewählt wurden, steht das Unterstützen seiner Stärken im Vordergrund. Dieses ressourcenorientierte Vorgehen hat sich in der Vergangenheit besonders bewährt, weil die Schüler auf diesem Wege schnell zu Erfolgserlebnissen kommen und damit ihre Bereitschaft erheblich gesteigert werden kann, sich auch in „unbeliebtere" Bereiche positiv einzubringen.

Zuerst loben, dann fordern!

Eigentlich ist das ja nichts Neues: Erst wenn wir die Chance bekommen, unsere Fähigkeiten unter Beweis zu stellen, sind wir dazu bereit, uns auch mit dem auseinanderzusetzen, was uns nicht so gut gelingt.

---

[1] Nach Arnold, Ellen: Jetzt versteh ich das. Bessere Lernerfolge durch Förderung der verschiedenen Lerntypen, Mühlheim an der Ruhr 2000

Die Schüler in ihren Stärken unterstützen, bedeutet bei Stefan z.B., dass er in den Bereichen, die ihm liegen, intellektuell gefordert werden sollte und dass man ihn selbstständig Aufgaben und Lösungswege entwickeln lässt. Schwächen ausgleichen, das bedeutet in Bezug auf Stefan, ihn z.B. zum ausdauernden Üben anzuleiten und ihm zu helfen, seine soziale Kompetenz auszubauen.

Stefans Individualität im Spiegel verschiedener Lehrerpersönlichkeiten

Welche Lehrerpersönlichkeiten können Stefan am besten motivieren?
Es können jene Lehrer, die einen gut strukturierten Unterricht anbieten, in dem aber – wann immer machbar – die Schüler auch die Möglichkeit haben, eigene Lösungswege zu finden, Stefan am besten motivieren.
Des Weiteren sollten diese Lehrer in ihrem Unterricht Raum geben für Formen gemeinsamer Konfliktbewältigung, wann immer es erforderlich ist – ganz gleich, ob es dabei um Probleme in der Gruppenarbeit, Probleme zwischen Schülern oder zwischen Schülern und Lehrer geht. (Thematisieren von Gefühlen!)
Es ist also besonders bei Stefan notwendig, als Lehrer flexibel zwischen dem direktiven und dem sozial-integrativen Unterrichtsstil je nach Sach- und Fachnotwendigkeit zu wechseln.
Da Stefan in seiner Schule vorwiegend von der Mehrzahl seiner Lehrer mit einem eher direktiven Unterrichtsstil konfrontiert worden war, der den Schülern wenig Raum zu eigenständigem Denken und Handeln gab, kamen Stefans Stärken nicht zum Tragen und seine Schwächen konnten sich ungehindert manifestieren. Gruppenarbeit wurde nur selten verlangt. Auf diese Weise waren Lernunlust und Schulfrust die Folge.

Vorteile einer optimalen kollegialen Zusammenarbeit

Am Ende einer solchen pädagogischen Besprechung ist zu beschließen,
a) auf welche Art und Weise die ausgewählten Maßnahmen umgesetzt werden und
b) in welchem zeitlichen Rahmen diese erfolgen sollen.

Zeitrahmen: sechs bis acht Wochen

Nach Ablauf eines festgelegten zeitlichen Rahmens (ca. 6–8 Wochen) müsste in einem kurzen Feedback aller beteiligten Kollegen an den Klassenleiter geprüft werden, ob sich die vereinbarten Maßnahmen als erfolgreich erwiesen haben. Sollte sich noch keine zufriedenstellende Verhaltensänderung des Schülers abzeichnen, müssten neue Vereinbarungen getroffen und neue Ansätze in einer weiteren Besprechung gewählt werden. Zumeist reicht es aus, wenn von den ursprünglichen Vorschlägen nun diejenigen aufgegriffen werden, die in der ersten Besprechung zunächst zurückgestellt worden sind.

Fassen wir noch einmal die sechs Schritte in einer Kindbesprechung zusammen und ergänzen sie um die drei wichtigsten Grundregeln zur individuellen Förderung:

Die 6 Schritte einer Kindbesprechung

1. Sammeln von Informationen: Schülergespräch, Elterngespräch, Wahrnehmungen im Unterricht durch alle Fachlehrer, Bericht des Klassenleiters
2. Diagnosebogen ausfüllen und den Lerntyp bestimmen
3. Die Frage klären, welche Stärken und welche Schwächen sich ergänzen oder sich gegenseitig aufheben. (Erarbeitung eines individuellen Persönlichkeitsprofils des Schülers)
4. Sammeln von geeigneten Lehrerverhaltensweisen und geeigneten Erziehungsmaßnahmen, denen alle zustimmen können.
5. Beschlussfassung: Erstellen eines auf das Kind bezogenen Maßnahmenkatalogs als individueller Förderplan
6. Verabredung über die Umsetzung des Plans sowie über den Zeitrahmen, in dem der Förderplan zu beachten ist.

Das Unterstützen der Stärken eines Schülers sollte Priorität haben. Diese sollten im Vordergrund stehen. Die Maßnahmen zum Ausgleichen von Schwächen kommen erst an zweiter Stelle.

Drei Grundregeln zur individuellen Förderung

1. **Grundregel:** Zuerst loben, dann fordern!
2. **Grundregel:** Je mehr Lehrer einer Klasse sich an die verabredeten Maßnahmen halten, desto größer und schneller wird sich der Erfolg einstellen.
3. **Grundregel:** Wo immer es geht, sollten die Eltern des Schülers mit einbezogen werden, damit Lehrer und Eltern „an einem Strang" ziehen.

5 Mein persönliches Lehrerverhalten und seine Wirkung auf die vier Schülergrundtypen

Im ersten Kapitel konnten wir auf der Grundlage neurobiologischer Erkenntnisse aufzeigen, dass jeder Mensch über eine eigene Denkweise und Auffassungsgabe verfügt und dass es für eine erfolgreiche Kommunikation zwischen Menschen notwendig ist, wesentliche neurobiologische Übereinstimmungen aufzuweisen. Wir hatten dargestellt, dass die eigene Denkweise und Auffassungsgabe mit dem gewählten Unterrichtsstil in Beziehung steht, ein bestimmtes Erklärungsmuster vorwiegend angewendet wird und bestimmte Methoden vorzugsweise eingesetzt werden.

Mithilfe des Modells der Lernstrategien konnten wir schließlich belegen, dass es für einen Unterricht, von dem alle Schüler profitieren können, unerlässlich ist, auch andere Verhaltens-, Lehr- und Lernstrategien kennen und flexibel anwenden zu lernen. Denn: Ein erfolgreiches und förderndes Lern-Leistungs-Klima, das nachhaltige Lernerfolge begünstigt, ist vor allem dort gegeben, wo Schülerindividualität und gewählter Unterrichtsstil optimal zusammenpassen.

Im vierten Kapitel stellten wir idealtypische Lehrerverhaltensweisen dar. Es wurde deutlich, auf welche Art und Weise jeder der vier Schülergrundtypen am besten angesprochen und motiviert werden kann.

In diesem Kapitel wollen wir nun den Blick auf unseren eigenen, täglich praktizierten Unterrichtsstil werfen. Das heißt, wir wollen unsere eigenen individuellen Stärken und Schwächen betrachten und ihre Wirkung auf den jeweiligen Schülergrundtyp untersuchen.

Damit jeder von uns die Möglichkeit erhält, den eigenen Unterricht zu reflektieren und sich seiner bevorzugten Unterrichtsmethoden bewusst zu werden, haben wir einen Thesenkatalog erarbeitet.

Seite 69

Mithilfe dieses Thesenkatalogs kann auch eine erste persönliche, objektive Zuordnung zu einer der bereits im ersten Kapitel benannten Lernstrategien von David M. Noer gefunden werden. Zur Erinnerung verweisen wir daher noch einmal auf sein Modell der Lernstrategien und die damit einhergehenden Gefahren einseitiger Lern- und Verhaltensstrategien.

Seite 15ff.

Wie ist mein eigenes Unterrichtsverhalten?

Ein Thesenkatalog

Setzen Sie für jede Aussage ein Kreuz.

1. Hinsichtlich der methodischen Aufbereitung des Unterrichtsstoffes	oft ⟶ selten
Ich versuche, Unterrichtsinhalte...	
sachlich exakt zu vermitteln, und erwarte, dass die Schüler sich dieses Wissen durch Erlernen der Fakten aneignen. *(zur Förderung des abstrakten oder strategischen Denkens)*	❍ ❍ ❍ ❍ ❍
so vorzubereiten, dass sie von den Schülern auf dem fragend-entwickelnden Weg selbstständig in Partner- oder Kleingruppenarbeit erarbeitet werden können. Dabei wecke ich ihre Neugierde und sie finden eigene Lösungswege. *(zur Förderung des kreativ-produktiven Denkens)*	❍ ❍ ❍ ❍ ❍
so vorzubereiten, dass sie am Erlebnishorizont der Schüler anknüpfen. Dabei berücksichtige ich das räumliche Umfeld der Schüler und binde ihre altersgemäßen Empfindungen mit ein. *(zur Anregung vieler Assoziationsmöglichkeiten)*	❍ ❍ ❍ ❍ ❍
so vorzubereiten, dass die Schüler in eigene Bewegungsvollzüge hineingeführt werden. Dabei stellen entweder die Schüler oder ich selbst konkrete Unterrichtsmaterialien her, die den Unterrichtsstoff be*greif*bar machen. *(zur Förderung des praktischen Denkens ➜ Herstellen von: z. B. geometrischen Figuren, Puzzles, Rollenspielen, Pinnwänden, Maßeinheiten, „Konjugationstreppen", „Geografie-Brettspiele")*	❍ ❍ ❍ ❍ ❍
2. Hinsichtlich der Berücksichtigung individueller Bedürfnisse	oft ⟶ selten
Ich versuche, Aufgaben zu differenzieren durch...	
einfaches vertiefendes Üben und schwierigere Zusatzaufgaben *(z.B. als höheren Schwierigkeitsgrad in Mathematik Dezimalzahlen oder Brüche wählen)*.	❍ ❍ ❍ ❍ ❍
einfaches vertiefendes Üben und Zusatzaufgaben, die Transferleistungen innerhalb des durchgenommenen Unterrichtsthemas erfordern *(z.B. logische Folgerungen aus dem Unterrichtsstoff ziehen; Fehler analysieren und typische Fehlermuster suchen)*.	❍ ❍ ❍ ❍ ❍
einfaches vertiefendes Üben und anspruchsvollere Zusatzaufgaben, die über das durchgenommene Stoffgebiet hinausgehen *(z.B. Spezialgebiete/Hobbys von Schülern einbeziehen)*	❍ ❍ ❍ ❍ ❍

einfaches vertiefendes Üben und erweiterte Aufgaben, die das durchgenommene Stoffgebiet in anderer Form aufgreifen *(z.B. handwerklich/künstlerisch/musisch/außerschulisch)*.	❍ ❍ ❍ ❍ ❍
Ich differenziere nach der Menge der zu lösenden Übungsaufgaben.	❍ ❍ ❍ ❍ ❍
3. Hinsichtlich der Ergebnisüberprüfung in der Erarbeitungs- oder Übungsphase des Unterrichts	oft ⟶ selten
Um Schülern regelmäßig eine Erfolgsrückmeldung zu geben, wähle ich...	
den kleinschrittigen Ergebnisvergleich,	❍ ❍ ❍ ❍ ❍
den Ergebnisvergleich nach größeren, vorher vereinbarten Aufgabenabschnitten,	❍ ❍ ❍ ❍ ❍
den Ergebnisvergleich nach Abschluss des gesamten Arbeitsauftrages, also erst wenn ein übergeordnetes Lernziel erreicht ist.	❍ ❍ ❍ ❍ ❍
4. Hinsichtlich der in einer Klasse gültigen Regeln	oft ⟶ selten
Zur konsequenten Einhaltung der mit den Schülern gemeinsam – mündlich oder schriftlich – erarbeiteten Verhaltensregeln achte ich darauf, dass ich...	
die Hausaufgaben regelmäßig kontrolliere und nach Vereinbarung damit umgehe,	❍ ❍ ❍ ❍ ❍
die Vereinbarung über Unterrichtsmaterialien (Hefte, Bücher, Stifte, Ordner...) konsequent einfordere,	❍ ❍ ❍ ❍ ❍
die Art der Mitarbeit in regelmäßigen Abständen notiere und den Schülern je nach Vereinbarung zur Kenntnis gebe,	❍ ❍ ❍ ❍ ❍
soziale Verhaltensweisen *(wie Hilfsbereitschaft, Rücksichtnahme, Verständnis...)* bewusst wahrnehme und entsprechend der gemeinsamen Vereinbarung Zeit zum Besprechen einräume.	❍ ❍ ❍ ❍ ❍
5. Hinsichtlich der Lernatmosphäre	oft ⟶ selten
Ich wähle im zwischenmenschlichen Umgang mit den Schülern...	
das sachliche Lob.	❍ ❍ ❍ ❍ ❍
die persönliche Zuwendung.	❍ ❍ ❍ ❍ ❍
Ich halte mich emotional eher zurück.	❍ ❍ ❍ ❍ ❍
Ich gehe auf die Schüler von mir aus zu.	❍ ❍ ❍ ❍ ❍

Ich versuche, die Leistungsbewertung so transparent wie möglich zu gestalten.	❍ ❍ ❍ ❍ ❍
Ich erwarte von den Schülern, dass sie auch ohne genaue Erklärungen meinen Anweisungen folgen.	❍ ❍ ❍ ❍ ❍
Ich versuche, in Konfliktsituationen eindeutig Stellung zu beziehen.	❍ ❍ ❍ ❍ ❍
Ich versuche, durch meine eigene innere Ruhe und ein ausgeglichenes, verständnisvolles Auftreten für eine entspannte, lernfreudige Atmosphäre in der Klasse zu sorgen.	❍ ❍ ❍ ❍ ❍

Zur Auswertung:
Alle pädagogisch-methodischen Optionen, die man in Richtung „oft" ankreuzen konnte, kann man für sich als „Stärken" vermerken, also als ein Unterrichtsverhalten, welches einem „gut von der Hand geht", weil es den eigenen Fähigkeiten am besten entspricht oder weil man es sich bewusst angeeignet hat. Diejenigen Optionen, welche man in Richtung „selten" angekreuzt hat, sollte man in seine Lehrer-Handlungsstrategien Schritt für Schritt neu aufnehmen, damit man sie in Zukunft genauso selbstverständlich einsetzen kann, wie die bisher bevorzugten. Denn: Um optimale Lernprozesse zu ermöglichen, muss je nach Schülerindividualität und Unterrichtssituation flexibel zwischen *allen* Optionen gewechselt werden können.

Zu welcher der genannten Lernstrategien gehört mein angekreuztes Unterrichtsverhalten?

Zuordnungshinweise einiger Optionen aus dem Thesenkatalog:

Wer seine Unterrichtsinhalte überwiegend faktenorientiert vermittelt, in der Übungsphase gerne Zusatzaufgaben wählt, bei welchen analytisches und strukturiertes Denken gefragt ist, wer sich den Schülern gegenüber emotional eher zurückhält und bei der Lernerfolgsüberprüfung eher zielorientiert ist, zeigt wesentliche Verhaltensmuster der Lernstrategie **Denken**.
Wer seine Unterrichtsinhalte überwiegend schülerorientiert vermittelt und die altersgemäßen Empfindungen seiner Schüler mit einbindet, beim vertiefenden Üben besondere Schülerinteressen aufgreift, sozialem Lernen gerne Unterrichtszeit einräumt und seinen Schülern persönlich zugewandt ist, zeigt wesentliche Verhaltensmuster der Lernstrategie **Fühlen**.
Wer seine Unterrichtsinhalte so plant, dass er – so oft es geht – handlungsorientiertes, praktisches Erarbeiten ermöglicht, „learning-by-doing"-Lernsituationen vorbereitet, viel Bewegung (fein- und grobmotorisch) zulässt, einen möglichst kleinschrittigen Ergebnisvergleich mit schneller Erfolgsrückmeldung wählt und beim Üben in vielfältiger Form gerne für Abwechslung sorgt, zeigt wesentliche Verhaltensmuster der Lernstrategie **Handeln**.
Wer seine Unterrichtsinhalte überwiegend so plant, dass sie von den Schülern – so oft es geht – in Partner- oder Kleingruppenarbeit erarbeitet werden können, Übungs-

aufgaben am liebsten nach der Menge zu lösender Aufgaben differenziert, gemeinsam vereinbarte Regeln verlässlich und konsequent einfordert und gerne durch eigenes, ausgeglichenes und verständnisvolles Verhalten für eine entspannte, ruhige Lernatmosphäre sorgt, zeigt wesentliche Verhaltensmuster der Lernstrategie **mit anderen zusammenarbeiten**.

Nachdem nun jeder Interessierte seiner bevorzugten Lernstrategie beziehungsweise seinen „typischen" Verhaltensmustern ein wenig nachspüren konnte, wollen wir einer – für den Lernerfolg des Schülers – sehr entscheidenden Frage nachgehen: Wie wirkt welcher Lehrertyp auf die vier unterschiedlichen Schülerverhaltenstypen?
Oder im Beispiel noch konkreter: **Wie wirkt ein Lehrer-Denktyp mit seinen Stärken und Schwächen z.B. auf einen Schüler-Mitarbeitertyp?** Was gilt es zu beachten?

Für die folgenden Schilderungen sollten wir im Bewusstsein behalten, dass – da wir alle Mischtypen sind – wahrscheinlich zwei der Schilderungen zutreffen, aber auch die beiden anderen eine Rolle spielen können. Auch wollen wir noch einmal darauf aufmerksam machen, dass die Grundtypen nur einen Aspekt der Persönlichkeit ausmachen, wir im Einzelfall also immer auf individuelle Konstellationen schauen müssen. Daher stellen die folgenden Ausführungen auch keine letzten Erklärungen für bestimmte Verhaltensweisen dar.

Der Lehrer-Denktyp

Lehrer-Denktyp und Schüler-Mitarbeitertyp

Es gehört zu den charakteristischen Merkmalen des Denktyps, dass er sich ausgesprochen ehrgeizig, konzentriert, zügig und zielorientiert allen neuen Aufgaben stellt. Dass ihm Achtung und Respekt entgegengebracht werden, ist ihm außerordentlich wichtig.
Einem Lehrer-Denktyp ist der Schüler-Mitarbeitertyp zunächst einmal ein angenehmer Schüler. Er kann sich auf ihn verlassen, denn er ist immer freundlich und nimmt nichts so schnell übel. Aber wenn ein Lehrer-Denktyp dann immer wieder feststellen muss, dass ein solcher Schüler sich bei allem Tun viel Zeit lässt, nur langsam an die Arbeit geht und sich für manche Inhalte auch gar nicht so recht zu interessieren vermag, dann fällt es ihm schwer, dafür Verständnis zu haben.
Er wird versuchen, diesen Schüler anzutreiben, ihn in Schwung zu bringen, und er wird dabei öfter einmal seinen Ärger zeigen und durchaus heftige Worte wählen.
Der Schüler-Mitarbeitertyp schätzt in aller Regel den Lehrer-Denktyp, weil er viel von ihm lernen kann. Es gelingt ihm, trotz der manchmal heftigen Kritik des Lehrers ruhig zu bleiben und sie ihm nachzusehen, ändern wird er sich jedoch deswegen nicht, sondern lieber abwarten, bis sich das „Gewitter" verzogen hat. Dieses Verhalten wiederum ärgert dann allerdings erneut den Lehrer.

Lehrer-Denktyp und Schüler-Fühltyp

Die Kreativität, die Hilfsbereitschaft und die Tiefsinnigkeit des Schüler-Fühltyps beeindrucken den Lehrer-Denktyp. Und auch umgekehrt weiß dieser Schüler die Fähigkeiten eines solchen Lehrers sehr zu schätzen.

Der Schüler-Fühltyp neigt jedoch zum Kritisieren und Nörgeln, außerdem lässt er sich wegen seiner oft einseitigen Begabungen auch nicht für alle Unterrichtsinhalte gleichermaßen motivieren, was den Lehrer-Denktyp überaus verärgern kann. Erfolgen dann deutliche Worte von Seiten des Lehrers, zieht sich der Schüler-Fühltyp unter Umständen innerlich zurück, hüllt sich in Schweigen, verweigert unter Umständen vollständig seine Mitarbeit oder verwickelt den Lehrer in eine „nervige" Grundsatzdiskussion.

Anders als der Schüler-Mitarbeitertyp fühlt sich der Schüler-Fühltyp von Kritik schnell gekränkt, sinnt darüber nach und braucht einige Zeit, bis er dem Lehrer verzeihen und wieder zum „Alltagsgeschäft" übergehen kann. In schwerwiegenden Fällen führt dies sogar zum Bruch in der Beziehung zwischen Lehrer und Schüler – und das um so eher, als der Lehrer es diesem sensiblen Schüler nicht genügend gestattet, sich zu erklären. Einen wirklich tiefen Respekt empfindet der Schüler-Fühltyp vor seinem Lehrer-Denktyp aber erst dann, wenn dieser in seinem Unterricht neben der sachlich-inhaltlichen Ebene auch die emotional-soziale Ebene zulässt.

Themen wie „soziales Lernen" und „mit Gefühlen umgehen lernen" sind Beispiele für solche, dem Schüler-Fühltyp wichtige, Unterrichtsinhalte.

Lehrer-Denktyp und Schüler-Tatentyp

Ein Schüler-Tatentyp kann sich schnell begeistern, dann aber auch ebenso schnell wieder die Lust verlieren. Er entdeckt an dem Lehrer-Denktyp viele Fähigkeiten, die er interessant findet; und er bewundert ihn für alles, was er selbst nicht so gut beherrscht. Dass sein Lehrer hohe Anforderungen stellt und auch von ihm viel verlangt, findet er weniger angenehm. Hat er allerdings das Gefühl, es dem eigentlich geschätzten Lehrer gar nicht recht machen zu können, häufig Vorhaltungen gemacht zu bekommen und insgesamt schlecht behandelt zu werden, dann sucht er einen Ausweg im „Kaspern" und in vielen anderen Unterrichtsstörungen. Denn sein Selbstwertgefühl kann auch dadurch wieder aufgebaut werden, dass er seine Klassenkameraden amüsiert und von ihnen Beifall und Anerkennung erhält.

Dem Lehrer-Denktyp gefällt dieser heitere, lebensfrohe Schüler, der so schnell zu motivieren ist und so vielseitige Interessen hat. Aber da gibt es doch Einiges, das er nicht akzeptieren kann. Er, der nicht ruht, bis eine Sache zu einem ordentlichen Ende gebracht ist, erlebt bei diesem Schüler, dass er keine Ausdauer hat, nur oberflächlich eine Aufgabe löst und sich schnell wieder etwas Neuem zuwendet. Ein solches Verhalten fordert seine Kritik geradezu heraus.

Beide kommen nur dann gut miteinander aus, wenn die gegenseitige Achtung nicht verloren geht.

Lehrer-Denktyp und Schüler-Denktyp

Der Schüler-Denktyp entdeckt im Lehrer-Denktyp Fähigkeiten und Eigenschaften, die ihn begeistern und von denen er lernen kann.
Sein Ehrgeiz spornt ihn sogar dazu an, manches dann noch besser als der Lehrer zu beherrschen. Lehrer und Schüler bringen sich gegenseitig Achtung entgegen, weil sie im Spiegel des anderen sich selbst sehen. Das führt jedoch auch schnell zu Konflikten, denn jeder von ihnen hat seinen Standpunkt und glaubt im Recht zu sein.
Besonders schwierig gestalten sich Situationen, in denen der Schüler dieses Typs dem Lehrer dieses Typs – aus welchen Gründen auch immer – nicht genügend Respekt entgegenbringt. In solchen Fällen handelt es sich in der Regel um einen älteren Schüler, der seinem Lehrer dann mit äußerst kritischen Argumenten entgegen tritt und nicht selten dessen gesamte Sachkompetenz in Frage stellt. Bei jüngeren Schülern entstehen eher Situationen, in denen der Schüler-Denktyp seinen Mitschülern arrogant und mit überheblichen Bemerkungen begegnet oder – wenn er das Gefühl hat, übervorteilt zu sein – auch in Zorn gerät und mutwillig etwas zerstört oder gar mit Gegenständen wirft. Der Lehrer-Denktyp wird geneigt sein, sofort mit harscher Kritik zu reagieren oder eine massive Strafe auszusprechen. Behält der Lehrer die Gesamtsituation dabei nicht im Blick und fühlt sich der betroffene Schüler-Denktyp ungerecht behandelt – vielleicht hatte ihn zuvor ein Mitschüler geärgert – wird der Lehrer den Respekt dieses Schülers für eine lange Zeit verlieren.

Der Lehrer-Mitarbeitertyp

Lehrer-Mitarbeitertyp und Schüler-Fühltyp

Die ruhige Art des Lehrer-Mitarbeitertyps wirkt sich gerade in der heutigen Zeit überwiegend positiv auf die gesamte Unterrichtsatmosphäre und alle Schüler aus.
Ein solcher Lehrer bleibt seinen Schülern gegenüber gelassen, regt sich nicht so schnell auf und stellt angemessene Anforderungen. Zeigt ein solcher Lehrer jedoch zu starke phlegmatische Eigenschaften und geht er auf all das, was ihm von seinen Schülern an Interesse entgegengebracht wird, zu wenig ein, dann werden viele Erwartungen der Schüler nicht erfüllt und es entsteht in der Folge Unruhe und Lustlosigkeit bei den Schülern.
Ein Schüler-Fühltyp schätzt einen solchen Lehrer wegen seiner Verlässlichkeit und seiner Freundlichkeit. Außerdem empfindet er es als angenehm, dass ihn dieser Lehrer nicht übermäßig zur Arbeit antreibt und selten laut und ungehalten wird. Umgekehrt schätzt der Lehrer-Mitarbeitertyp am Schüler-Fühltyp, dass dieser über alles gründlich nachdenkt, einfühlsam und ehrlich ist. Dennoch kann ein Lehrer dieses Typs nur wenig Verständnis für die oft plötzlichen Stimmungsschwankungen und Nörgeleien aufbringen. Es ärgert ihn auch, in seinem Unterricht so oft von diesem Schüler hinterfragt zu werden. Bald entwickelt sich bei diesem Lehrer das Gefühl, seinem Schüler-Fühltyp trotz aller Bemühungen eigentlich nichts recht machen zu können – was ihn nicht gerade dazu motiviert, mehr auf die Bedürfnisse eines Schüler-Fühltyps aktiv einzugehen.

Lehrer-Mitarbeitertyp und Schüler-Tatentyp

Die vielen Einfälle, das schnelle Handeln und das gute Reaktionsvermögen des Schüler-Tatentyps ruft bei dem Lehrer-Mitarbeitertyp zunächst einmal eine wohlwollende Haltung ihm gegenüber hervor. Den Unterrichtsbeiträgen dieses Schülers hört er gerne zu, kommt aber mit dessen Gedankensprüngen und seiner fehlenden Ausdauer weniger gut zurecht. Zu sehr unterscheidet er sich selbst genau in diesen Bereichen von ihm. Der Lehrer-Mitarbeitertyp neigt daher dazu, seinen Schüler-Tatentypen wenig Verständnis für ihr Bedürfnis nach geistiger und körperlicher Abwechslung entgegen zu bringen. Kleine Lernschritte und schnelle Rückmeldungen für möglichst abwechslungsreiche Aufgaben gehören daher auch nicht immer zum methodischen Aufbau seines Unterrichts.

Der Schüler-Tatentyp mag diesen Lehrer, weil er ausgeglichen und – wie er selbst auch – freundlich allen Menschen begegnet. Diese Ruhe möchte er auch haben, aber er wird eine lange Zeit danach streben müssen, um sie vielleicht zum Ende seiner Schulzeit ein wenig erlernt zu haben. Wie gut der Lehrer-Mitarbeitertyp mit seinem Schüler-Tatentyp zurechtkommt, hängt davon ab, wie viel Verständnis er für dessen Bedürfnis nach Abwechslung aufbringen kann.

Lehrer-Mitarbeitertyp und Schüler-Mitarbeitertyp

Diese Doppelkonstellation gibt wenig Anlass zu Schwierigkeiten. Der Lehrer zeigt Verständnis für das nicht gerade übersprudelnde Interesse dieses Schülers an den Unterrichtsinhalten. Er schätzt es, sich auf ihn verlassen zu können, und sieht es ihm nach, wenn seine Leistungen auf Minimalflamme brennen.

Anders als Lehrer- und Schüler-Denktypen, die sich im gegenseitigen Spiegel auch schon einmal im Negativen hochschaukeln können, können Lehrer- und Schüler-Mitarbeitertypen gut miteinander auskommen.

Der Lehrer-Tatentyp

Lehrer-Tatentyp und Schüler-Fühltyp

Die Fröhlichkeit, Lebendigkeit und Beweglichkeit des Lehrer-Tatentyps kommt vor allem den jungen Schülern sehr entgegen. Ist ein solcher Lehrer allerdings ein sehr einseitig ausgeprägter Tatentyp kann man sich gut vorstellen, dass Inhalte im Unterricht nur kurz erwähnt, aber nicht richtig vertieft werden.

Auf Fragen der Schüler wird er eher oberflächlich eingehen, schnell zum nächsten Thema wechseln und sicherlich auch nicht immer gut auf den Unterricht vorbereitet sein. Er wird seine Versprechen häufig nicht halten und an dem einzelnen Schüler nur wenig ernsthaftes Interesse zeigen.

Bei einem Lehrer-Tatentyp und einem Schüler-Fühltyp zeichnen sich extreme Gegensätze ab. Vielleicht ist jedoch gerade diese Unterschiedlichkeit der Grund, weshalb beide einander auf eine gewisse Weise bewundern: Den Lehrer-Tatentyp beeindruckt die Gewissenhaftigkeit, die geistigen Interessen und die Verlässlichkeit dieses Schülers; den Schüler-Fühltyp beeindruckt die gleichbleibend gute Laune und fröhliche Atmosphäre, die durch den Lehrer-Tatentyp im Unterricht entsteht. Dennoch kann der Schüler-Fühltyp seinem Lehrer das Leben ganz ordentlich schwer machen: Sein häufiges Kritisieren, seine Neigung zum Negativismus, seine melancholischen Züge und sein Bedürfnis, über schulische Probleme und Konflikte genauestens zu reflektieren, widerspricht ganz grundsätzlich dem Wesen des Lehrer-Tatentyps, der solchen Herausforderungen eher aus dem Weg gehen möchte.

Lehrer-Tatentyp und Schüler-Tatentyp

Der Lehrer-Tatentyp kommt in der Regel sehr gut mit dem eher unruhigen, wenig ausdauernden Schüler-Tatentyp zurecht. Da er selbst das Bedürfnis nach inhaltlicher Abwechslung, schnellen Rückmeldungen und körperlicher Bewegung kennt, wird er seinen Unterricht schon von sich aus kleinschrittig, handlungsorientiert und viele Sinne ansprechend gestalten. Ein solcher Lehrer wird durch interessante Projekte und Expeditionen, die ins schulische Umfeld führen, dafür sorgen, dass der Unterrichtsstoff lebendig und praxisnah vermittelt wird – also genau so, wie der Schüler-Tatentyp sich Unterricht wünscht.

Der Lehrer-Fühltyp

Lehrer-Fühltyp und Schüler-Fühltyp

Der Lehrer-Fühltyp hat durch sein Mitfühlen-Können, seine Ernsthaftigkeit und seine tiefgründigen, geistigen Interessen eine wohltuende Wirkung auf seine Schüler. Wenn er es mit seiner Neigung zur akribischen Genauigkeit nicht übertreibt und seinen Schülern nicht ständig Anweisungen erteilt, kann er ein gutes Verhältnis zu allen Schülerlerntypen aufbauen.

Trifft der Lehrer auf einen Schüler-Fühltyp, wird dieser Schüler zum Lernen motiviert sein und sich gut von ihm verstanden fühlen. Denn beide nehmen das Leben ernst und machen sich viele Gedanken, lieben eine klare Ordnung und besprechen alle auftretenden Probleme sorgfältig. Schwierig wird es im Unterricht erst dann, wenn der Lehrer vor allem seinen Schüler-Fühltyp zu häufig kritisiert und ihn mit zu vielen Anweisungen in seiner Kreativität einengt. Die Unzufriedenheit, die sich dadurch bei diesem Schülertyp entwickelt, schlägt sich sehr bald in Verweigerung oder ständigem Widerspruch nieder. Es entsteht schnell eine bedrückende Atmosphäre, die dann nur mit einem klärenden Gespräch und verständnisvollem Auf-den-Schüler-Zugehen wieder verbessert werden kann.

Die *noch fehlenden Kombinationen* können gut aus den bisherigen Schilderungen abgeleitet werden:

Lehrer-Fühltyp und Schüler-Denktyp siehe Absatz „Lehrer-Denktyp und Schüler-Fühltyp“, Lehrer-Fühltyp und Schüler-Tatentyp siehe Absatz „Lehrer-Tatentyp und Schüler-Fühltyp“ usw.

Folgende Schlussfolgerungen lassen sich aus den Darstellungen der Typbegegnungen ziehen:

Je treffender es gelingt, den einzelnen Schüler in seinen individuellen Lernvoraussetzungen und Lernbedingungen im Unterricht zu erreichen und anzusprechen, desto motivierter wird er lernen. Denn: Je besser der einzelne Lehrer in der Lage ist, seine eigene Persönlichkeitsstruktur durch andere Verhaltensstrategien situationsabhängig zu ergänzen, desto eher werden erfolgreiches Lehren und Lernen im Unterricht dank seiner professionellen individuellen Förderung stattfinden.

Zur Überwindung von einseitigen Verhaltensmustern gibt uns David Noer zwei sehr wesentliche Hinweise:

1. Neue Verhaltensmuster (z.B. Gruppen- statt Frontalunterricht, handlungsorientiertes statt reproduzierendes Lernen ...) müssen bewusst und gut geplant werden, aber auch
2. neue Verhaltensmuster können vorübergehend verunsichern.

Unabhängig von Schule, Unterricht und unserer Rolle als Lehrer ist es in jedem gewöhnlichen Alltag ebenso hilfreich, wenn man sich alle vier Verhaltensstrategien aneignet und sie flexibel einsetzt. So wie ein Geigenspieler unterschiedliche Saiten zum Klingen bringt, werden wir je nach Situation entweder die Saite der Freundlichkeit und Flexibilität des Tatentyps oder in einer anderen Situation die Saite des Fühltyps mit seiner Ernsthaftigkeit und seinem Mitgefühl wählen. Wenn es dann um Zielorientierung und Konzentration geht, ist die Saite des Denktyps gefragt - und zwar so lange, bis in der nächsten Situation eine ganz andere Saite in uns zum Erfolg führen kann, wie z. B. Ruhe bewahren und das gute Durchhaltevermögen des Mitarbeitertyps an den Tag legen.

6 Trotz Heterogenität den Schulalltag bewältigen

Entlastungsaspekte mit der Hilfe von Typenbeschreibungen

Kommen wir zu einem letzten Aspekt der Typendiagnostik, der uns ganz besonders wichtig ist:
Natürlich unterrichten wir nicht nur einen, sondern meistens weit über 20 Schüler in unseren Klassen. Von unseren lieben Sorgenkindern reicht aber oft nur eines aus, um uns zur Verzweiflung zu bringen. Die Kindbesprechung über einen solchen Schüler, die wir exemplarisch vorgestellt haben, kann Wunder wirken und in die eigene pädagogische Arbeit mehr Zufriedenheit zurückbringen.

Und dennoch bleibt natürlich die Frage, ob es nicht für den Schulalltag noch eine andere Möglichkeit zur Umsetzung gibt. Diese gibt es. Sie befasst sich aber weniger mit dem einzelnen Schüler, sondern mehr mit einer Gruppe von Schülern in einer Klasse.
Diese alternative Umsetzungsmöglichkeit unserer Typendiagnostik sieht so aus:

Wenn man mit mehreren Kollegen in einer Dienstbesprechung zusammensitzt, kann man auch ohne Diagnosebogen sehr schnell und zutreffend Schülertypisierungen hinsichtlich einer Haupttendenz ihrer Lernverhaltensweisen vornehmen. Zwei Kurzcharakteristiken stehen dafür zur Verfügung.

Zwei Kurzcharakteristiken

Eine **1. Kurzcharakteristik** ist als schnelle Grundorientierung hilfreich und sollte dann aber durch eine **2. Kurzcharakteristik** ergänzt werden:

Typ 1: Ist gleichmäßig konzentriert und ehrgeizig; wirkt mitunter überheblich und distanziert.

Typ 2: Ist kreativ, engagiert und hilfsbereit; neigt mitunter zu gefühlsmäßigen Überbewertungen und ist emotional wechselhaft.

Typ 3: Ist motorisch geschickt und schnell zu begeistern, aber auch schnell unruhig und ohne Ausdauer.

Typ 4: Ist teamorientiert, ausgeglichen und ausdauernd, aber sehr bequem und schwer zu aktivieren.

Die vier Lerntypen der pädagogischen Typenlehre

Eine 2. Kurzcharakteristik

Stärken	Einseitigkeiten/Schwächen
1. Denktyp	
• gutes, intellektuelles Leistungsvermögen • ehrgeizig, sehr lernbegierig • gute Aufmerksamkeit • klare Wiedergabe • gutes, sprachliches Ausdrucksvermögen	• übergroßer Ehrgeiz • überheblich, provokativ • ausdauerndes, praktisches Tun fällt schwer • schnell erschöpft, reizbar • hat wenig soziale Kompetenz (ist egoistisch)
2. Fühltyp	
• ganzheitlich-bildhaftes Vorstellungsvermögen • innovativ, kreativ • soziales Engagement, hilfsbereit, einfühlsam • philosophiert gern • künstlerisch-musische Fähigkeiten • besondere Interessen/Sympathien	• emotional wechselhaft • sehr einseitig interessiert und motivierbar • hat starke Sympathien/Antipathien • arbeitet verbissen oder bricht sein Tun vorzeitig ab • unausgeglichen, eigenwillig • kontaktarm (trotz hoher sozialer Kompetenz)
3. Tatentyp	
• großes Interesse für alles Neue • aktives, vielseitiges Tätigsein • schnelle Motivierbarkeit (unvoreingenommen) • sozial gut integriert (beliebt) • fröhlich und anpassungsfähig • gutes, praktisches Denken	• motorische Unruhe • kurze Aufmerksamkeitsspanne • wenig Ausdauer (außer beim Sport) • schnell entmutigt • hält sich ungern an Regeln (stört) • unzuverlässig
4. Mitarbeitertyp	
• teamorientierter, zuverlässiger Mitarbeiter • ausdauerndes, kontinuierliches Tätigsein • Ausgeglichenheit (gutmütig, gemütlich) • Beständigkeit und innere Ruhe • sozial akzeptiert, unkompliziert • überfordert sich nicht	• motorische und geistige Trägheit • Mangel an eigener Initiative (in allen Bereichen) • wenig Interesse (phlegmatisch) • schwer zu motivieren (in allen Bereichen) • nutzt andere aus • geringer Ehrgeiz

Seite 112

Eine weitere Kurzcharakteristik der vier Schülergrundtypen befindet sich in Anhang 7. Diese weitere Darstellung trägt der Tatsache Rechnung, dass wir als unterschiedliche

Persönlichkeitstypen unsere eigenen Lernstrategien entwickelt haben. So wird dem einen Leser die erste Kurzcharakteristik ausreichen, ein anderer Leser wird über die ausführlichere polare Gegenüberstellung in der zweiten Kurzcharakteristik dankbar sein und ein dritter Leser benötigt vielleicht jene weiteren Informationen, die er zusätzlich in der dritten Kurzcharakteristik (S. 112) findet.

Wenn man sich also nun mit mehreren Kollegen auf der Grundlage einer Kurzcharakteristik auf die Hauptlernverhaltenstendenz, die ein Schüler im Unterricht zeigt, verständigt hat, dann kann man mit einem Blick auf die Übersichtstafeln in Kapitel 4 sehr schnell festlegen, welche Unterrichtsbedingungen oder welche methodischen Aspekte für die optimale Motivation dieses Schülers erforderlich und lernförderlich sind. Anschließend werden diese nun in den **individuellen Maßnahmenkatalog** (Kopiervorlage in Anhang 5) übertragen, und so erhält man sehr schnell einen ersten, richtungsweisenden individuellen Förderplan für die gewünschten Schüler.

Seite 54

Seite 110

Erstellen eines Klassenprofils

Dieses auf den letzten Seiten geschilderte Vorgehen kann auch bei der Erstellung eines ganzen **Klassenprofils** als gute Grundlage dienen. Dazu sollten mehrere Lehrer gemeinsam jedes Kind zunächst nur einem der vier Typen (Hauptlernverhaltenstendenz des Schülers in allen Unterrichtsfächern) zuordnen. Sehr bald wird dann sichtbar, ob es in der Klasse eine relativ **gleichmäßige** Verteilung aller Lerntypen gibt oder ob **ein** Lerntyp, bzw. **ein** Begabungsprofil, unter den Schülern deutlich überwiegt. Sollte dies so sein, dann müsste der Unterrichtsstil dem ermittelten Klassenprofil angepasst werden. In diesem Falle wird dann der Leitfaden für die individuelle Förderung zu einem Leitfaden für den zu bevorzugenden Unterrichtsstil, den die ganze Klasse überwiegend benötigt.

So gibt es Klassen, die besonders lernbegierig sind und mit denen man ausgesprochen schnell im Stoff vorankommt, die also einen eher leistungsorientierten Unterricht benötigen. Klassen, in denen ständig eine störende Unruhe herrscht, begegnet man hingegen am besten mit viel handlungsorientiertem Unterricht. Bei Klassen wiederum, mit denen man überhaupt nicht vorwärts kommt, weil es vielleicht zu wenige „Zugpferde" unter den Schülern gibt (vielleicht zu viele Schüler mit phlegmatischen Eigenschaften) oder weil man ständig über irgendwelche Ungerechtigkeiten und Probleme diskutieren muss (zu viele Fühltypen), bei solchen Klassen kann vor allem ein Unterrichtsstil helfen, der sehr an den Bedürfnissen der Schüler orientiert ist und der sehr viel gut strukturierte Gruppenarbeit vorsieht.

Sind also in einer Klasse die Ergebnisse der Kurzcharakteristik sehr einseitig zugunsten eines Verhaltenstyps verschoben, wird es eine besonders schwer oder eine besonders leicht zu unterrichtende Klasse sein, was natürlich auch erheblich von den in der Klasse unterrichtenden Lehrerpersönlichkeiten abhängt. Im Idealfall ist jedoch die Anzahl der Schüler jedes Typs etwa gleich groß.

Aber es ist nicht nur der Hinweis auf das Begabungsprofil, sondern eine Kurzcharakteristik aller Schüler gibt auch Hinweise für eine sinnvolle – nämlich den Unterricht unterstützende – Sitzordnung:

Schüler eines Verhaltenstyps nebeneinander setzen!

Zweierlei kann mit einer solchen Sitzordnung erreicht werden:

1. Eine enorme Erleichterung, weil aus 27 Einzelindividuen vier überschaubare Schülergruppen werden.
2. Die Schüler erziehen sich sehr bald gegenseitig.

Folgendes lässt sich nämlich beobachten, wenn Schüler eines Verhaltenstyps tatsächlich räumlich eng zusammengesetzt werden:

Die schnell lernenden **Denktypen**, die von ihrem Können sehr überzeugt sind, werden miteinander um die Achtung des Lehrers vor ihren guten Leistungen ringen. Dabei halten sie sich gegenseitig einen Spiegel vor und empören sich über die jeweilige Arroganz des anderen. Sehr bald gleichen sie ihr eigenes einseitiges Verhalten aus.

Die **Fühltypen**, die besonders einfühlsam, aber auch besonders schwierig im sozialen Umgang sind, werden einerseits dankbar dafür sein, sich zu haben. Andererseits werden sie sich ihr Leben durch ihren Eigensinn auch schwer machen. Gerade deshalb können sie aneinander wachsen.

Die **Tatentypen**, die wenig innere Ruhe und Ausdauer aufbringen können, werden sich sehr bald über die Störungen und die Unruhe in ihrem Umfeld beschweren.

Die **Mitarbeitertypen**, die so schwer motivierbar und in Gang zu bringen sind, werden sich aneinander übermäßig langweilen.

Nach einer relativ kurzen Zeit zunehmender Schwierigkeiten – sozusagen nach einer Phase der pädagogisch-homöopathischen Erstverschlimmerung – kommen alle Lerntypengruppen in einen sehr heilsamen Prozess, in dem sie sich gegenseitig erziehen.

Die Sitzordnung sollte selbstverständlich entsprechend der während der Umgewöhnungszeit auftretenden Schwierigkeiten vorübergehend variiert und verändert werden. So müssten z. B. zu viel Unruhe stiftende motorische Schüler vorübergehend neben die ausdauernden Mitarbeitertypen gesetzt werden, was auch diesen wiederum gut täte, da sie sich ja ohnehin am liebsten über die Motivation anderer aus ihrer Reserve locken lassen.

Für das Unterrichtsverhalten des Lehrers ist durch die Aufteilung der Schüler in vier große Schülergruppen eine sehr überschaubare Basis gegeben:
Sitzt nämlich z.B. an der Fensterseite hinten die Gruppe der **Denktypen**, weiß der Lehrer genau, in welche Richtung er sich wenden muss, wenn es um besonders anspruchsvolle Fragen oder Aufgaben geht, die aus dem abstrakt-kognitiven Bereich kommen.
Die **Tatentypen**, die vielleicht an der Wandseite vorne sitzen, können vom Lehrer besonders gezielt im Auge behalten werden. Der eine oder andere kann vom Lehrer auch schnell mal beruhigend an der Schulter berührt werden.
Die **Mitarbeitertypen** an der Fensterseite vorn können als Gesamtgruppe angesprochen und immer wieder vor dem Wegdämmern oder Abtauchen bewahrt werden.
Die **Fühltypen**, die z. B. an der Wandseite hinten sitzen, können gezielt angesprochen werden, wenn es um das Besprechen von Konflikten oder um Unterrichtsinhalte geht, in welche man sich gefühlsmäßig hineinversetzen kann.
Man kann also festhalten: Durch das Erstellen eines Klassenprofils und das Aufteilen der Klasse in vier große Gruppen wird das lerntypengerechte Unterrichten überschaubarer und greifbarer. Auf dieser Basis sollten dann diejenigen pädagogischen und methodischen Grundprinzipien verwirklicht werden, die wir im Rahmen der Typenlehre betrachtet haben und die nun in die Frage münden:

Welche Klasse braucht welche Unterrichtsbedingungen?

1. Eine Klasse mit besonders vielen **Denktypen** sollte mit sehr fundierter **sachlicher Autorität** konfrontiert und in soziale Prozesse eingebunden werden (Helfersysteme).
2. Eine Klasse mit besonders vielen **Fühltypen** braucht viel Raum für Gefühlsassoziationen und zur Konfliktbewältigung. Der Lehrer sollte ein verlässliches **emotionales Vorbild** sein und eine nüchtern-sachliche Haltung beim Erfüllen von vorgegebenen Aufgaben einnehmen.
3. Eine Klasse mit besonders vielen **Tatentypen** benötigt **viel Geduld**, **Anerkennung** und immer wieder den „Kick“ des Neuen. Da sie viel Übung benötigen, sollten die Aufgaben zum Vertiefen von Unterrichtsstoff häufig variiert und in ein immer neues „Gewand“ gekleidet werden.
4. Eine Klasse mit besonders vielen **Mitarbeitertypen** braucht besonders **klare Verhaltensnormen** und regelmäßige Leistungsüberprüfungen. Bei der vielfältigen Gruppenarbeit sollte die Zusammensetzung sorgfältig durchdacht werden, und die Aufgaben sollten gezielt gegeben werden.

Wünschenswert wäre es nun, wenn in jeder Unterrichtsstunde jede Typengruppe wenigstens einmal zu ihrem Recht käme. Da dies aber je nach Unterrichtsstoff nicht immer zu verwirklichen ist, könnte zumindest für jede Unterrichtseinheit (also verteilt über einige Unterrichtsstunden) die gewählte Unterrichtsmethode einmal gezielt auf die Bedürfnisse, z. B. der Fühltypen, abgestimmt und dann wieder gezielt z.B. für die Bedürfnisse der Tatentypen ausgewählt werden usw. Dieser Einsatz einer bewussten Binnendifferenzierung führt dazu, dass jeder Lerntyp wenigstens einmal während einer Unterrichtseinheit die Gelegenheit bekommt, auf die ihm gemäße Art angesprochen zu werden und lernen zu dürfen.

Sobald jedoch massivere Probleme mit einzelnen Schülern auftreten, müsste ein genauer Blick auf die jeweils individuellen Lernvoraussetzungen geworfen werden. Auch das soziale und familiäre Umfeld der betroffenen Schüler bedarf spätestens dann einer genaueren Betrachtung. Dennoch muss man sich bewusst sein, dass es trotz aller Bemühungen um einen Schüler bei der Erstellung eines individuellen Förderplans Grenzen für die innerschulischen Fördermaßnahmen gibt.

Wir wollen daher das Kapitel abschließen mit einem zusammenfassenden Blick auf die Möglichkeiten und Grenzen der innerschulischen Fördermaßnahmen, die auf dem Instrumentarium der Lerntypendiagnostik basieren:

Möglichkeiten und Grenzen der Lerntypendiagnostik

Die Vorteile der Typendiagnose auf einen Blick

Die Typendiagnostik ermöglicht:

- Schülerprofile
- Individuelle Förderpläne,
  - um Motivation und Lernerfolg zu verbessern
  - um eine mögliche Teilleistungsstörung zu erkennen (evtl. um außerschulisch Testung ergänzen) und aufzufangen
  - um eine mögliche Hochbegabung zu erkennen und zu fördern.
- Lehrer und Klassen je nach Profil neu zuordnen
- Klassen neu zusammensetzen (Ziel: harmonische Verteilung der vier Lerntypen in der Lerngruppe)

Die Typendiagnostik hat ihre Grenzen, wenn es darum geht den Ausprägungsgrad einer Lernstörung/Auffälligkeit festzustellen:

- bei Legasthenie
- bei Dyskalkulie
- bei dem Erscheinungsbild des AD(H)S
- bei verschiedenen Wahrnehmungsstörungen
- bei psychischen Störungen

7 Evaluation der Beschlüsse

Ziel: Individuelle Lernförderung als Teil der Persönlichkeitsentwicklung

Ob bei Schülern im allgemeinbildenden oder berufsbildenden Schulwesen oder ob bei Förderschülern – für jeden Schüler lassen sich auf der Grundlage einer gemeinsamen Lerntypendiagnose sehr solide individuelle Förderpläne erstellen.
In welchem Ausmaß sich nun nach der Typendiagnose und den vereinbarten Maßnahmen nennenswerte Erfolge eingestellt haben, kann man auf der Grundlage einer soliden Evaluation feststellen.

Zeitliche Planung

Die Evaluation sollte etwa nach **drei Monaten** in einer nächsten gemeinsamen pädagogischen Dienstbesprechung durchgeführt werden.

Die Evaluation befasst sich mit der Frage: „Woran ist zu erkennen, dass mit der einzelnen Maßnahme die erwünschte individuelle Förderung meines Schülers im Sinne der Verbesserung seines Lernverhaltens und seiner Lernergebnisse erreicht wurde?"

Seite 110

Dazu legt man den teilnehmenden Kollegen eine Übersicht der vereinbarten Maßnahmen (Kopiervorlage in Anhang 5) vor, die eine solche Einschätzung ermöglicht. Jedes Mitglied der Gruppe hat zunächst die Aufgabe, eine erste Bewertung abzugeben. Danach muss die Fragestellung präzisiert werden:

„Welche Verhaltensweisen konnten dank der getroffenen Maßnahmen bei Stefan so geändert werden, dass er im Unterricht erfolgreicher mitgearbeitet hat?"

Evaluation der Persönlichkeits- und Unterrichtsentwicklung

Falldarstellung am Beispiel Stefan

Einschätzung des Erfolgs der Teilmaßnahme

1. Schwerpunkt: Maßnahmen zur Stärkung

Teilmaßnahmen	sehr gut erreicht	gut erreicht	erreicht	kaum erreicht	nicht erreicht
Extraaufgaben vorbereiten → höhere intellektuelle Anforderungen stellen und eigenständige Lösungswege dabei zulassen					
Besondere Fähigkeiten, so oft es geht, im Unterricht berücksichtigen und besondere Leistungen dabei gezielt anerkennen (z. B. gute Zusatznote geben)					
Raum geben für den Austausch über soziale Werte und Normen					
Interesse an Stefan aufbringen und ihn, so oft es geht, persönlich ansprechen					

Einschätzung des Erfolgs der Teilmaßnahme

2. Schwerpunkt: Maßnahmen zum Ausgleichen von Schwächen

Teilmaßnahmen	sehr gut erreicht	gut erreicht	erreicht	kaum erreicht	nicht erreicht
Umgangsregeln aufstellen und diese konsequent einfordern (z. B. sich angemessen behaupten, sich angemessen beschweren)					
Hintergründe für Konfliktsituationen, so oft es geht, gemeinsam aufarbeiten und nach Lösungen suchen					
Stefans emotionalen Überreaktionen, wie z. B. seine Provokationen und Aggressionen, offen ansprechen und seine Gründe hinterfragen					

Auf der Grundlage der Tabelle sollte über die erste Einschätzung hinaus nun noch ein zweiter Schritt mit folgender Fragestellung angeschlossen werden:

Ist das Maßnahmenbündel insgesamt wirksam, waren einzelne Maßnahmen in ihrer Wirksamkeit abhängig vom jeweiligen Lehrer oder gibt es möglicherweise eine Maßnahme, die von allen Lehrkräften als ganz besonders wirkungsvoll bezeichnet werden konnte?

Geht man diesen Aspekten gewissenhaft nach, dann lassen sich sehr konkrete, fach- und/oder lehrerbezogene Aussagen über das spezifische Lernverhalten des Schülers hinzufügen, die die positive oder unzureichende Wirkungsweise der Teilmaßnahme nachvollziehbar werden lässt.
Ein Beispiel möge das zeigen:
Es wurde von einem Deutschlehrer für die erste Teilmaßnahme „sehr gut" angekreuzt. Nun sollte man in der Lage sein, zu beschreiben, welches optimierte Lernverhalten durch diese Maßnahme ausgelöst wurde. So könnte man vermuten, dass ein bisher apathisch erscheinender Schüler sich dank der höheren intellektuellen Anforderungen stärker zu einer aktiveren Teilnahme am Unterricht herausgefordert fühlt, dabei neue Erfolgserlebnisse hat und bei entsprechendem Lob nun auch seine Leistungen insgesamt steigern kann.

In einem anderen Fall könnte der Geschichtslehrer zu dem Schluss kommen, dass er mit der Teilmaßnahme „Raum geben für den Austausch sozialer Werte und Normen" nur zu dem Ergebnis „kaum erreicht" kommt.
Bei einer solchen Einschätzung sind drei Fragen zu beantworten:

1.
- Welche Beobachtungen des Lernverhaltens lassen mich zu einer solchen Einschätzung kommen?

2.
- Was hätte vielleicht noch getan werden müssen, um bei einem nächsten Mal mit hoher Wahrscheinlichkeit auf die Einschätzung „gut erreicht" zu kommen? Oder:

3.
- Was spräche dafür, auf diese Teilmaßnahme im Geschichtsunterricht zugunsten eines anderen Faches zu verzichten?

Mögliche Antworten auf diese drei Fragen könnten so lauten:

Zu 1.
- Das Thema, das ich in den letzten drei Wochen behandelte, gab diesen Bezug nicht her.
- Der Schüler zeigte sich intellektuell noch nicht dazu in der Lage, einen solchen Transfer selbstständig herzustellen.

Zu 2.
- Ich muss durch einen didaktischen Umbau meiner Geschichtsstunden mehr als bisher die Lebenswelt meiner Schüler zu historischen Abläufen in Beziehung setzen.

- Mehr als bisher muss der Transfer geübt oder zu einem eigenen Urteil ermutigt werden. Das kann entweder in kleinen Wiederholungen am Ende einer Unterrichtssequenz geschehen, vor Ende der Stunde oder zu Beginn der folgenden Stunde.

Zu 3.

- Eigentlich ist es sehr schwer vorstellbar, dass der Austausch über soziale Werte und Normen im Geschichtsunterricht keinen Platz haben kann. Nun wäre aber eine Unterrichtssequenz denkbar, in der es in erster Linie um die Erarbeitung oder Erschließung einer neuen historischen Epoche geht und darum kaum Zeit für solche inhaltlichen Vertiefungen oder Ergänzungen vorhanden ist – z. B. dann, wenn der Geschichtsunterricht wöchentlich nur einstündig erteilt wird. Von letzterem Argument wäre dann allerdings *jeder* einstündige Unterricht betroffen, so dass eine Lernförderung (hier: im Sinne von sozialem Lernen) durch diese oder ähnliche Teilmaßnahmen viel zu selten Raum fände und Schüler mit bestimmten Lerntypenprofilen dadurch benachteiligt würden.

Nachdem dann für jede einzelne Maßnahme alle Antworten auf die oben genannten drei Fragen zusammengetragen wurden, ist es nun die Hauptaufgabe der Gesprächsrunde, die so gefundenen Ergebnisse endgültig zu bewerten.
Die Teilnehmer verständigen sich dann darüber, welche dieser Maßnahmen auch weiterhin im Unterricht beibehalten werden sollen.
In einem zweiten Schritt findet die Gruppe heraus, welche wünschenswerten Verhaltensweisen bei Stefan noch vermisst werden, und einigt sich eventuell auf neue Maßnahmen oder auf eine andere Form der methodischen Umsetzung, welche z. B. der Ideenliste in Kapitel 4 entnommen werden könnte. Auch die neuen Maßnahmen werden wieder verbindlich vereinbart.

Seite 60

Auf dieser Grundlage beginnt nun eine neue Entwicklungsspirale in der Persönlichkeitsentwicklung des Schülers.

Sobald die gesamte neue Vereinbarung getroffen wurde, wird sie verabschiedet und insbesondere den Eltern des Schülers mitgeteilt. Auch ihnen ist es dann möglich, zur Unterstützung der schulischen Maßnahmen gegebenenfalls ähnliche Maßnahmen zu Hause zu beachten, wenn sie ihrem Kind beim Lernen helfen wollen.

Ob und in welchem Ausmaß auch der Schüler die Vereinbarungen, die getroffen wurden, kennenlernen sollte, wird vom seinem Entwicklungsstand abhängen. In der Regel wird man aber diese Frage dann mit JA beantworten müssen, wenn der Schüler älter ist und/oder um beispielsweise sein selbstreguliertes Lernen besser zu unterstützen. Denn individuelle Förderung wird vor allem dann zum Erfolg führen, wenn dadurch dem Schüler seine eigene Verantwortung für sein Lernverhalten noch bewusster wird.

Tipps für Eilige – oder bei akutem Handlungsbedarf

Was ist, wenn ein „Problemschüler“ im Moment alle Lehrer in unserer Klasse allzu sehr herausfordert und beiden Seiten schnell geholfen werden muss?
Wenn Sie es also sehr eilig haben, dann empfehlen wir bei akutem Handlungsbedarf den Umgang mit unserem Buch in drei Schritten:

Seite 101
Seite 105

1. Schritt: Setzen Sie den **Typendiagnosebogen** (Kopiervorlage, Anhang 3a) in einer Dienstbesprechung aller Lehrer, die in Ihrer Klasse unterrichten, ein. Lassen Sie ihn von allen ausfüllen, übertragen Sie die errechneten Zahlen in die Auswertungstabelle (Kopiervorlage, Anhang 3b) und bestimmen so, zu welchem Lernverhaltenstyp Ihr „Problemschüler“ vorwiegend – wir sind alle Mischtypen – zugeordnet werden kann.

Seite 55
Seite 106

2. Um das **für diesen Lernverhaltenstyp angemessene Lehrerverhalten** zu definieren, benötigen Sie die Hinweise, die wir in zwei Übersichtstafeln (Kapitel 4) zusammengestellt haben.
   Dort finden Sie sowohl förderliche Unterrichtsbedingungen als auch methodisch-didaktische Orientierungshilfen zum Unterstützen von Stärken und zum Ausgleichen von Schwächen beziehungsweise unerwünschtem Verhalten. Bei Bedarf können Sie diese Übersichtstafeln ergänzen durch eine ausführlichere Gegenüberstellung von Grundtyp, Verhaltenskategorie und praktischen Hinweisen zur Umsetzung (Anhang 4). Entscheiden Sie sich dann für jene Maßnahmen oder Verhaltenskategorien, von denen Sie sich als Kolleginnen und Kollegen eine baldige pädagogische Wirkung erhoffen.

Seite 110
Seite 60

3. Schritt: Übertragen Sie die ausgewählten Maßnahmen oder die ausgewählten Verhaltenskategorien in den **individuellen Maßnahmenkatalog** (Kopiervorlage, Anhang 5). Weitere Hinweise und Ideen für die praktische Umsetzung finden Sie in Kapitel 4, und zwar sowohl bei der methodischen Umsetzung für unseren Beispielschüler Stefan als auch in der daran anschließenden Ideenliste „Lernmethoden für die verschiedenen Lerntypen“. Auf diese Weise haben Sie innerhalb nur einer Sitzung die Chance, einen soliden Lernförderplan für Ihren Problemschüler zu erstellen und zu beschließen.

Wahrscheinlich werden Sie auf dem Weg von Schritt 1 nach Schritt 3 feststellen, dass die Kurzfassung nicht alle Ihre Fragen beantwortet. Auch werden Sie schnell spüren, dass Sie an der einen oder anderen Stelle gerade diesem Kind nur mit dem Diagnosebogen und den darauf aufbauenden Hinweisen für ein typengerechtes und angemessenes Lehrerhandeln nicht ganz gerecht werden. Und gerade weil wir mit

unserem Buch den ganz spezifischen Lerngewohnheiten und Verhaltensmustern eines Kindes gerecht werden wollen, lohnt sich ein systematischer Durchgang von Anfang an.
Der Nachvollzug einer Pädagogischen Dienstbesprechung der Lehrkräfte einer Klasse, die unser Beispielschüler Stefan besucht, zeigt Ihnen in nachfolgendem Schaubild, wie Sie – wenn Sie alle von uns vorgesehenen Wege beschreiten würden – von der Typendiagnose bis zur Beschlussfassung oder zur Evaluation vorgehen können. Diejenigen Stufen, die Sie bei einem „Schnelldurchgang" wählen, sind in unserem Schaubild grau unterlegt.

Förderplan für den einzelnen Schüler

Vereinbarte Maßnahmen in einem individuellen Maßnahmenkatalog festhalten

Auflistung der wichtigsten Unterrichtsmaßnahmen zum Markieren für alle beteiligten Kollegen

3. Teil der Kindbesprechung – Beschlussfassung

Darstellung des angemessenen Lehrerverhaltens
- zum Unterstützen der Stärken
- für wichtige Unterrichtsbedingungen
- zum Ausgleichen von Schwächen

2. Teil der Kindbesprechung – Urteilsfindung

Die Bedeutung der Typenzuordnung für das individuelle Begabungsprofil
- Umgang mit Mischtypen
- über die Gefahren beim Umgang mit Typenbeschreibungen

Der Typendiagnosebogen – eine Einschätzungshilfe

1. Teil der Kindbesprechung – Sammeln von Fakten
- Ein Beobachtungsbogen zur Schülerpersönlichkeit und Klassensituation
- Ein Schülerfragebogen
- Hinweise für ein strukturiertes Klassenleiter-Eltern-Gespräch (Anhang 2 a-c, S. 96-100)

Ausblick

Sicherung eines individuellen Schulprofils, Konsequenzen aus der PISA-Studie

Ganz unterschiedliche Beweggründe mögen Sie, verehrter Leser, zum Kauf unseres Buches bewogen haben. Ob Sie sich als Lehrer, Schulleiter, Schulrat oder einfach nur als ein an Bildungsfragen interessierter Mensch vom Titel unseres Buches angesprochen fühlten – wir hoffen, dass Sie mit uns den Weg in eine bessere Schule gefunden haben. Dabei ist die Forderung nach einer Schule, in der der Schüler im Mittelpunkt steht, im Grunde nicht neu. Neu ist jedoch, dass wir nicht auf der Grundlage von Vergleichstests Anstöße zur Schulentwicklung geben, nicht dem Lamento von den „doofen Lehrern" den „dummen Schülern" ein weiteres Buch widmen, sondern jene wirklich und ganz in den Mittelpunkt stellen wollten, für die so viele Menschen sich seit Generationen so sehr in und für Schulen anstrengen: unsere Kinder und junge Menschen.

Ohne wiederholen zu wollen, was wir bereits eingangs gesagt haben, konnten wir in vielen Gesprächen mit Lehrern über unser Thema feststellen, wie sehr wir uns ein Instrumentarium wünschen, mit dem wir – jenseits durchaus üblicher und zumeist vorurteilsbeladener Ersteinschätzungen von Kindern mit zum Teil unsäglichen Folgen – jedem einzelnen Kind in seiner Persönlichkeit gerecht werden. Besondere Aufmerksamkeit wurde uns u.a. stets dann zuteil, wenn wir über die sicherlich unbeabsichtigten Folge- und Nebenwirkungen solcher Ersteinschätzungen mit Lehrern oder Eltern ins Gespräch kamen. Es sind daher vor allen Dingen jene Pädagogen gewesen, die uns indirekt Mut machten, dieses Buch zu schreiben.

PISA-Studie und Schulentwicklung

Einen anderen Anstoß erhielten wir während unserer Arbeit durch die PISA-Studie, die unsere Sichtweise zwar nicht berührt, die aber bei den Kultusministern der Länder ein „Sieben-Punkte-Programm" auslöste, in der auch die „diagnostische" Kompetenz als Bestandteil einer systematischen Schulentwicklung wiederentdeckt wird. So heißt es in Ziffer 6 dieses „Sieben-Punkte-Programms": *„Maßnahmen zur Verbesserung der Professionalität der Lehrertätigkeit, insbesondere im Hinblick auf die diagnostische Kompetenz als Bestandteil systematischer Schulentwicklung."*

Partnerschaftliche Kollegialität

Bei der Lektüre unseres Buches wird aufgefallen sein, dass wir ganz bewusst die Wahrnehmung der Stärken der am Lernprozess Beteiligten in den Mittelpunkt gestellt haben. Diese Schwerpunktsetzung hat natürlich auch etwas zu tun mit unseren eigenen Erfahrungen im Unterricht, in der schulischen Beratung oder in der Personalführung. Wir haben die positive Erfahrung machen können, wie motiviert Menschen an die Arbeit gehen, wenn sie „ertappt" werden bei etwas, was ihnen besonders gut gelingt; und wie sehr es ihnen peinlich ist oder sie sich sogar schämen, wenn ihnen etwas misslingt und sie dabei Zeugen haben – besonders wenn es sich um Vorgesetzte handelte. Wir haben feststellen können, dass wir auf „offene Ohren" stießen, wenn wir den Menschen zunächst die Chance zur Entdeckung ihrer Stärken und Vorzüge gaben und mit ihnen darüber redeten.

Der Wert von Typologien

Wir sind ziemlich sicher: Nicht alle unsere Leser werden sich für unser Buch von Anfang an erwärmt haben. Skepsis und Vorbehalte mögen bei vielen aufgekommen sein. Auch wir hatten uns immer wieder mit neuen Einwänden und kritischen Einwürfen unserer Kollegen auseinanderzusetzen. Sehr geholfen hat uns bei der Auseinandersetzung mit dem Wert von Typologien die Aufforderung an unsere Kritiker, sich doch einmal die eigene Persönlichkeit genauer anzuschauen. Uns selbst hat ebenfalls die Entdeckung der eigenen Stärken viel Freude bereitet, Bekanntes bestätigt oder auch neue Einsichten zu Tage gefördert. Wenn es Ihnen ähnlich ergangen ist, werden Sie vielleicht daraus bereits erste, ganz persönliche Konsequenzen gezogen haben für Ihre geschärfte Selbstbeobachtung in Gesprächen, die Reaktion Ihrer Gesprächspartner oder auch für die Einschätzung Ihres Gegenübers.

Angemessene Vereinbarungen für jeden Schüler

In einem weiteren Schritt konnten Sie feststellen, dass der Blick auf die Schüler nur aus eigener Perspektive nicht ausreicht. Sie werden jene einbezogen haben, die mit Ihnen in einer Klasse unterrichten und die gleichen jungen Menschen als Lernerpersönlichkeiten tagtäglich vor sich haben, um auf dieser gemeinsamen Plattform über schülergemäße Unterrichts- und Erziehungsmethoden miteinander zu sprechen und angemessene Vereinbarungen für jeden Schüler dieser Klasse ebenso zu treffen wie für die Lerngruppe insgesamt.

Auf Grund dieses persönlichkeitszentrierten Ansatzes und der damit einhergehenden systematischen Bewusstmachung des eigenen Persönlichkeitsprofils sind wir davon überzeugt, dass unser Buch zunächst und in erster Linie der individuellen Professionalisierung dient. Darüber hinaus fördern und unterstützen unsere Diagnoseinstrumentarien die Bereitschaft und den Wunsch zur Zusammenarbeit der Lehrer, weil sie unweigerlich zu der Einsicht gelangen, dass die eigene Wahrnehmung der Schülerpersönlichkeit, die eigene Deutung des Schülerverhaltens und das eigene Urteil der Ergänzung und Bestätigung bedürfen, um Schülern durch eine ihrer gesamten Persönlichkeit gerecht werdenden Notengebung wirkliche Lebens- und Berufschancen zu vermitteln.

Unser in erster Linie partnerschaftlich anzuwendendes Diagnoseverfahren zur Ermittlung der Lerntypen führt schließlich zu einer neuen Form kollegialer Anerkennung und gegenseitiger Wertschätzung. Schließlich wird es überall dort, wo es bereits angewandt wird, als bereichernd empfunden. Es erzeugt Schritt für Schritt eine motivierende Berufszufriedenheit, die wir uns alle wünschen und die letztlich den Schülern so gut bekommt.

Sie als Schulleiter machen wir mit einem Instrumentarium bekannt, welches Sie sehr gut nutzen können für die Unterrichtsentwicklung an Ihrer Schule.
Dabei wird zweierlei deutlich:

1. Nicht jeder Lehrer ist für jede Klasse gleichermaßen geeignet.
2. Methodentraining ist zwar wichtig zur Verbesserung der Selbstständigkeit der Schüler, aber nicht jede Methode ist für jeden Schüler/jede Lerngruppe in gleicher Weise tauglich.

Erst im Rahmen eines ausgleichenden Erziehungsansatzes kann Methodentraining über das bloße Vermitteln von Techniken hinaus dem Schüler individuelle Hilfe zur Unterstützung seiner persönlichen Lernbedürfnisse sein.

Unser partnerschaftlicher Ansatz setzt auf die Bereitschaft und Fähigkeit zum rationalen Diskurs zwischen Lehrern, die sich hinsichtlich der zu unterrichtenden Schüler genau vergewissern wollen, ob sie in ihrer Unterrichtsvorbereitung die angemessenen Entscheidungen getroffen haben, d.h. auf eine Weise, die den überwiegend in dieser Klasse anzutreffenden Lerntypen gerecht wird. Wer an dieser Stelle mit Unterrichtsentwicklung ansetzt, wird sehr bald als Schulleiter die ersten Forderungen nach einem vertiefenden Seminar zum vorliegenden Thema für die Lehrer einer Klasse erhalten oder mit dem Wunsch nach Durchführung einer schulinternen Lehrerfortbildung. Sehr schnell werden Sie auf dieser Grundlage einen bottom-to-top-Prozess auf den Weg bringen, der vielfältige Möglichkeiten zur einerseits summativen (z.B. Personalführungsgespräche oder Mitarbeiterjahresgespräche) und andererseits formativen Evaluation (z. B. dienstliche Beurteilungen oder externe Evaluationen) beinhaltet, die zu einer Bestärkung in der weiteren Arbeit führen werden.[1]

[1] Vgl. Luszczynski, Hubert: Professionelle Personalführung in der Schule. Plädoyer für für ein motivierendes Instrument im erfolgreichen Qualitätsmanagement, 2000; vgl. Bessoth, Richard: Der Nachweis guter Arbeit: Neue Ziele und Wege in der Leistungsbeurteilung, 2001

Anhänge

Die Einordnung des Konzepts in die verschiedenen Schulentwicklungsansätze

Im letzten Jahrzehnt haben sich die Aufgaben des Lehrers aufgrund vieler gesellschaftlicher Faktoren stark verändert. Folgender Überblick fasst die neuen Aufgaben des Lehrers zusammen:

1. Aufgabengruppe
- angemessenes Sozialverhalten vermitteln
- Sozialarbeiter für gefährdete Schüler sein
- Manager für Gruppenarbeit/ Teamentwicklung
- Helfer/Seelentröster (Umgang mit z.T. massiven psychischen Problemen von Schülern)

2. Aufgabengruppe
- besseres Kennenlernen des eigenen Persönlichkeitspotenzials (personenbezogener Ansatz)
- bewusstes Einsetzen der eigenen Stärken
- Erweitern und Ergänzen der eigenen Stärken (→ Weiterentwicklung der eigenen Persönlichkeit in Richtung „demokratische Kompetenz“)

3. Aufgabengruppe
- Vermittlung von Werten (Werteerziehung)
- Urteilsfindung muss vom Schüler gelernt werden
- Vorbild sein für Charakter- und Persönlichkeitsbildung (Wissen um Interaktionsprozesse und Modelllernen)

4. Aufgabengruppe
- Kennenlernen der individuellen Stärken und Schwächen der Schüler
- Berücksichtigen der individuellen Stärken und Schwächen beim unterrichtsbezogenen Schulentwicklungsansatz

Die Aufgaben des Lehrers umfassen also schon lange nicht mehr vorrangig die Stoffvermittlung, sondern sind auf vielen Ebenen angesiedelt. Eine differenziertere Betrachtung der verschiedenen Schulentwicklungsansätze ist demnach notwendig.

Wenn wir das Lehrerhandeln im Unterricht optimieren wollen, befinden wir uns zunächst im Bereich der Unterrichtsentwicklung als Teil der Schulentwicklung. Im Laufe unserer Arbeit haben wir jedoch festgestellt, dass die gängigen Schulentwicklungsansätze kaum ausreichen, um einer individuellen Förderung gerecht zu werden, und wir daher unseren Ansatz nicht mehr eindeutig zuordnen können.

Werfen wir einen Blick auf die verschiedenen Ansätze:

1. Der systembezogene Ansatz
wird in der Regel von obersten Schulbehörden vertreten (Ministerialebene/ KMK):

- Signifikante Merkmale dieses Ansatzes, bei dem die Schule als System im Mittelpunkt steht, sind verschiedene Formen der Bestandsaufnahmen, die sich z.B. sowohl aufgrund parlamentarischer Anfragen oder aus dem Planungsinteresse der Schulbehörden ergeben. Dazu zählen vor allem die Erhebung des IST-Zustands durch interne und externe Evaluation der Schul- und Unterrichtsqualität oder auch
- die Ermittlung der pädagogischen Zielbestimmung einer Schule, wie sie sich etwa im Schulleitbild artikuliert.

2. Der personenbezogene Ansatz
ruht in der Regel auf den Schultern von Schulaufsichtsbeamten und Schulleitern:

- Bei diesem Ansatz, der den einzelnen Lehrer in den Mittelpunkt von Schulentwicklung stellt, geht es um Personalführung und -beurteilung, Supervision und Selbsterfahrung, Selbst- und Fremdbeurteilung, Kooperationstraining und fachspezifische Weiterbildung.

3. Der unterrichtsbezogene Ansatz
ist vor allem bei Konferenzteilnehmern oder bei Lehrerteams einer Klasse anzutreffen. Dieser Ansatz legt seinen Schwerpunkt auf die Unterrichtsentwicklung als dem Kern der Schulentwicklung:

- Die fach- und/oder klassenbezogenen Vereinbarungen über verschiedene Unterrichtsmethoden, veränderte Lernformen, Reflexionen der Lehrerrolle, Teamentwicklung und Formen der angemessen Partizipation der Eltern am schulischen Erziehungsprozess stehen im Vordergrund. Kollegiale Formen der Praxisberatung spielen ebenso eine Rolle wie gegenseitige Unterrichtsbesuche, die auch evaluierenden Charakter haben können.
- Den unterrichtsbezogenen Ansatz vertritt z.B. Heinz Klippert vom EFWI in Landau. Sein Konzept der pädagogischen Schulentwicklung mit den Bausteinen „Kommunikationstraining", „Methodentraining" und „Teamentwicklung" findet in vielen Schulen großen Anklang.

Unter dem Blickwinkel der Schülerindividualität reicht allerdings der unterrichtsbezogene Schulentwicklungsansatz allein nicht aus. Es müssen zumindest Aspekte aus dem personenbezogenen Ansatz ergänzt werden: Dabei geht es auf Seiten der Lehrer z.B. um die genaue Kenntnis der *eigenen* Stärken und Schwächen, die den angemessenen Umgang mit den individuellen Stärken und Schwächen der Schüler erst voraussetzt. Wir begegnen bei diesem Ansatz dem besonderen Wert, der der

jeweiligen Lehrerpersönlichkeit beigemessen wird. Selbsterfahrung und das Wissen um die eigene Wirkung stehen dort u.a. im Vordergrund.
Aspekte des systembezogenen Ansatzes gewinnen im Verlaufe unseres Buches dort an Bedeutung, wo es um die Bestandsaufnahme des Persönlichkeitspotenzials der Lehrkräfte einer Klasse oder um die Bestimmung der überwiegenden Schülerlerntypen in eben jener Klasse geht.

Wertevermittlung und Persönlichkeitsentwicklung

Aber selbst eine Kombination aus dem personenbezogenen, dem unterrichtsbezogenen und dem systembezogenen Schulentwicklungsansatz reicht bei unseren Schülern als alleiniges Maßnahmenbündel nicht mehr aus.
So fand z.B. das Institut für Pädagogische Psychologie und empirische Pädagogik der Universität München heraus, dass über diese – natürlich richtigen – Ansätze hinaus zwei weitere Gebiete hinzugefügt werden müssen und zwar die „Wertevermittlung" im klassisch-humanistischen Sinne und die „Persönlichkeitsentwicklung".

Das Institut stellte dazu u.a. Folgendes fest:
„Das Zusammenleben in einer Gesellschaft erfordert Verantwortungsbewusstein, Solidarität, Toleranz und Konsens in ethischen Wertevorstellungen". Der Erzieher (Eltern/Lehrer) *„...muss diesen Konsens nicht nur anerkennen, sondern auch als Vorbild leben und damit demokratische Kompetenz zeigen."* Denn es sei das Vorbild, das dem Heranwachsenden den rechten Umgang mit Menschen, Wissen und Technik gleichermaßen vermittle.[1]
Horst Hensel führt den Gedanken weiter und fügt sinngemäß hinzu, dass Werteerziehung mit Regeln des unterrichtlichen Umgangs beginnt.
„Sie gründet auf dem Vorbild der Lehrkräfte und ist eine Antwort auf die Widersprüche zwischen Lebenswelt, Familie und Schule und auf die Existenztatsache des Konflikts überhaupt (z. B. Konflikterziehung)."[2]

Nach diesem Exkurs dürfte deutlich geworden sein, dass für das geforderte Ziel der Schulreform, „Lernergebnisse (zu) optimieren und eine größere Zufriedenheit bei allen Beteiligten her(zu)stellen", ein komplexerer Ansatz gewählt werden muss.
Wir wollen diesen Ansatz den **persönlichkeitsorientierten Ansatz** nennen und plädieren daher für eine **persönlichkeitsorientierte Schulentwicklung**.

---

[1] Vgl. Klippert, 2000, S. 25
[2] Hensel, Horst: Die neuen Kinder und die Erosion der Schule, Buxtehude 1995

7. Welchem Lerntypus – nach Vester – könnte der o.g. Schüler am ehesten zugeordnet werden?	
a) visueller Lerntyp	
b) auditiver Lerntyp	
c) haptischer Fühltyp (handlungsorientiert, vom eigenen Erlebnishorizont ausgehend)	
d) Gesprächstyp	
e) verbal intellektueller Typ	
Vergleichen Sie die Ergebnisse der Arbeitsblätter aller Kollegen, die zu einem Schüler erstellt wurden, im Hinblick auf die Fragen:	
Wie groß sind die Unterschiede zwischen den einzelnen Beurteilungen?	
a) Sie sind sehr gravierend (50% und mehr)	
b) Sie sind kaum vorhanden (unter 20%)	
Gibt es eine Lehrer-Schüler-Beurteilung, die unter allen anderen besonders herausfällt?	
Wenn ja, dann bleibt diese unberücksichtigt.	

Bei dem einen oder anderen Schüler werden Sie nur wenige, voneinander abweichende Ergebnisse feststellen können. Aber bei vielen Schülern werden Sie auch darüber erstaunt sein, wenn Sie sehen, **wie sehr subjektiv** doch in der Regel Ihre Einschätzungen und die Ihrer Kollegen sind. Daran wird deutlich, wie wichtig der kollegiale Austausch für die Objektivierung von Sichtweisen und für pädagogische Urteile ist.

Nachfolgender Schülerfragebogen gibt nicht nur Anlass zu einem persönlichen Gespräch mit Schülern, sondern gestattet auch einen Einblick in seine ganz besonderen Fähigkeiten und Fertigkeiten.

Ein Schülerfragebogen

Klasse: ____________________

Schüler: ____________________

Was machst du gerne (Hobbys, gelegentlich Jobs, Spiele usw.)?	
Hast du etwas gemacht, worauf du besonders stolz bist? Erzähle mir davon.	
Was würde denn deine Mutter/dein Vater sagen, worin du gut bist? Oder: Wie würden deine Freunde deine starken Seiten beschreiben?	
Was fällt dir in der Schule am schwersten?	
Erzähle mir von ein paar Lernsituationen, in denen du dich sehr bemüht hast, aber in denen einfach nichts hängen geblieben ist?	
Welche Fächer oder Kurse fallen dir am leichtesten?	
Wenn du etwas Neues lernst – was gefällt dir dabei am besten?	
Wie kannst du dir Dinge am besten merken? Was hilft dir dabei?	
Was würden deine Lehrer über dich sagen? • über deine Lerngewohnheiten und deine Arbeitsweise? • über deine Schrift? • über deine Leistungen? • über deine Zukunft?	
Bei welcher Tätigkeit oder in welchem Beruf kannst du deine Stärken deiner Meinung nach am besten zeigen?	

Vgl. Arnold, 2000, S. 11f.

Hinweise für ein strukturiertes Klassenleiter-Elterngespräch

(Folgender Katalog dient der Orientierung)

1. **Vorschulische Entwicklung:** Gesundheit/Therapien, Kindergarten, individuelle Besonderheiten
2. **Grundschulzeit:** altersgemäße Einordnung in die Klasse, **Schulwechsel**, soziale Integration, individuelle Schwierigkeiten
3. **Individuelle Belastungen:** starke berufliche Eingebundenheit beider Eltern; Familien- und Geschwisterkonstellation; **gesundheitliche Labilität**; Schlafgewohnheiten; Umzug; soziales Umfeld; individuelle Probleme
4. **Zum häuslichen Verhalten des Kindes:** Hält es sich an Vereinbarungen, vertrödelt es viel Zeit, spielt es viel allein, ist es **unkonzentriert**, braucht lange für die Hausaufgaben, **vergisst alles**, klagt es viel über Langeweile, stört oder ärgert es die Geschwister, ist es sehr impulsiv oder gar provokativ...?
5. **Emotionale Befindlichkeit des Kindes:** Wechselt es schnell in der Stimmung, hat es gute und schlechte Tage, ist es nicht belastbar; will es oft nicht...; ist es **rasch erschöpft**; ist es aufmerksam nur bei Dingen, die ihm wichtig sind...?
6. **Zum Selbstbild des Kindes:** Erwartet es ständig Misserfolg, fühlt es sich bei Kritik stets in der ganzen Person abgelehnt; macht es für gute Noten nicht die eigene Leistung, sondern den Zufall verantwortlich; *glaubt, dass alle es für „doof" halten...?* Gibt es schnell auf, ist **oft verzweifelt**, gibt sich „obercool" und verbraucht viel Kraft, um sein Image aufrecht zu erhalten, schimpft es sehr über die Schule...?
7. **Besondere Fähigkeiten/Interessen des Kindes:** Hat es ein Hobby, in dem es bereits ein fundiertes Wissen hat, ist es besonders redegewandt, stellt es anspruchsvolle Fragen, überrascht es mit **ungewöhnlichen Ideen**/Vorschlägen, möchte sehr früh alles selbst bestimmen; lässt es sich durch manche Aufgaben so fesseln, dass es nicht mehr davon abzubringen ist, formuliert es messerscharfe Gedankengänge...? (evtl. Zeichen für Hochbegabung)
8. **Gewohnheiten:** z.B. liebt das Kind feste Tisch- und Tagesordnung, hat es Ticks und Angewohnheiten..., hat es weitere Begabungen: z. B. liest es viel, treibt es viel Sport, ist es in der Kirchengemeinde aktiv...?
9. **Zukunftsperspektiven:** hat es bereits Berufswünsche oder klare Berufsvorstellungen?

Typendiagnosebogen

Eigenschaften des Kindes	**Ausprägungsgrad der Eigenschaften** stimmt nicht									stimmt	Pkte.
	1	2	3	4	5	6	7	8	9	10	
Stärken	**Denktyp**										
gutes, intellektuelles Leistungsvermögen											
ehrgeizig, sehr lernbegierig											
gute Aufmerksamkeit, ist *ausdauernd* konzentriert											
gutes sprachliches Ausdrucksvermögen											
exakte Wiedergabefähigkeit											
geht gern analytisch vor											
Summe der angekreuzten Punkte											
Schwächen											
hat übergroßen Ehrgeiz											
ist kräftemäßig schnell überfordert (nervös und reizbar)											
wirkt überheblich und ist provokativ											
kommt nur schwer ins praktische Tun											
hat geringe soziale Kompetenz (ist egoistisch)											
Summe der angekreuzten Punkte:											
Gesamtsumme Denktyp											

Eigenschaften des Kindes	Ausprägungsgrad der Eigenschaften stimmt nicht									stimmt	Pkte.
	1	2	3	4	5	6	7	8	9	10	
Stärken	**Fühltyp**										
hat ganzheitlich-bildhaftes Vorstellungsvermögen											
ist kreativ und innovativ											
zeigt besonderes soziales Engagement, ist hilfsbereit und einfühlsam											
besondere Interessen und Sympathien (einseitig begabt)											
hat künstlerisch-musische Fähigkeiten											
diskutiert und philosophiert gern											
Summe der angekreuzten Punkte											
Schwächen											
schnell wechselnde Stimmungen (launisch und unberechenbar)											
sehr einseitig interessiert und motivierbar											
hat starke Sympathien/Antipathien (eigenwillig)											
arbeitet verbissen oder bricht sein Tun vorzeitig ab (Jähzorn, Angst)											
ist kontaktarm (trotz hoher sozialer Kompetenz)											
Summe der angekreuzten Punkte											
Gesamtsumme Fühltyp											

Eigenschaften des Kindes	**Ausprägungsgrad der Eigenschaften** stimmt nicht … stimmt										Pkte.
	1	2	3	4	5	6	7	8	9	10	
Stärken	**Tatentyp**										
großes Interesse für alles Neue											
aktives, vielseitiges Tätigsein (ist ständig in Bewegung)											
ist schnell begeistert und sofort motiviert											
gutes, praktisches Denken											
„learning by doing“ wird bevorzugt											
ist beliebt und fast immer fröhlich											
Summe der angekreuzten Punkte											
Schwächen											
motorische Unruhe											
kurze Aufmerksamkeitsspanne											
wenig Ausdauer (außer beim Sport)											
hält sich ungern an Regeln (stört und ist unzuverlässig)											
resigniert schnell bei Anforderungen (ist schnell entmutigt)											
Summe der angekreuzten Punkte											
Gesamtsumme Tatentyp											

Tatentyp	Verhaltenkategorie	Umsetzung
Stärken: • Interesse für alles Neue • aktives, vielseitiges • Tätigsein • schnelle Motivierbarkeit • spontane Flexibilität • gutes, praktisches Denken **Schwächen:** • motorische Unruhe • kurze Aufmerksamkeitsspanne • wenig Ausdauer • schnell entmutigt • hält sich nicht an Regeln • unzuverlässig • stört	handlungsorientierten und praxisnahen Unterricht planen	• z. B. Lernspiele und Lernmaterialien selbst herstellen lassen • besondere Aufgaben erteilen, die handwerkliches Geschick oder schnelles Handeln erfordern, z. B. Projektwand gestalten oder Materialsammlung übernehmen
	Unterrichtsthema in kleine Teilziele überschaubar aufteilen-schnelle Erfolgserlebnisse verschaffen	• Teilziele benennen und in kleinen Lernschritten voranschreiten • bei kleinsten Erfolgen loben; ihre Leistung anerkennen
	dem großen Bewegungsbedürfnis Raum geben/Geduld aufbringen	• innerhalb einer Gruppenarbeit z. B. die Stoff- und Materialsammlung übernehmen (ihrem Bedürfnis – von Eindruck zu Eindruck zu springen – entgegenkommen) • Gelegenheit zu motorischer Betätigung geben, z. B. Hefte verteilen, Tafel abwischen, ins Sekretariat gehen o. Ä. • ihrem Wunsch nach schnellem Wechsel zu Neuem, so oft es geht, entsprechen
	ein hohes Maß an persönlicher Zuwendung schenken	• verständnisvolle Ansprache (bzgl. ihrer Unbeherrschtheit und Unruhe) • kurz neben die Kinder setzen, und ihnen bei Ausdauer und Konzentration helfen
	neugierig machen	• Unterricht so planen, dass er den Schüler neugierig macht und Interesse an Details weckt • ihn motivieren, den Dingen auf den Grund zu gehen
	zum ausdauernden Üben anhalten	• abwechslungsreiche Übungsphasen • zum Durchhalten ermuntern • „Altes“ immer wieder neu verpacken
	verantwortungsbewusstes Verhalten einfordern (zwischenmenschlicher Umgang)	• dem Schüler besondere Aufgaben und Pflichten übertragen, die über einen längeren Zeitraum erfüllt werden müssen
	Verabredungen (Regeln) einhalten	• Rücksicht auf langsamere Schüler nehmen • die Rechte von anderen Menschen respektieren lernen • auf jeden Regelverstoß konsequent und zeitnah mit einer vorher mit der ganzen Klasse festgelegten Maßnahme reagieren

Mitarbeitertyp	Verhaltenkategorie	Umsetzung
Stärken: • teamorientiert • zuverlässiger Mitarbeiter • ausdauerndes, kontinuierliches Tätigsein • ausgeglichen • ruhig • überfordert sich nicht **Schwächen:** • motorische und geistige Trägheit • hat wenig Eigeninitiative • wenig Interesse (phlegmatisch) • schwer zu motivieren • wenig Ehrgeiz • nutzt andere aus	vielfältige Gruppenarbeit anbieten und Aufgabenverteilung genau planen	• in die Gruppenarbeit gut einbinden • intellektuell anregen – Vorbild durch Gleichaltrige schaffen • neben leicht motivierbare Mitschüler setzen
	Verständnis für eine gewisse Bequemlichkeit zeigen	• Mindestanforderungen formulieren
	die besonders ausdauernden Fähigkeiten dieses Typs berücksichtigen	• in der Projekt- oder Gruppenarbeit ihm Aufgaben geben, die viel Geduld erfordern, z. B. in der Gruppenarbeit als Protokollant tätig sein dürfen
	die besondere Verlässlichkeit dieses Typs nutzen	• besondere Aufgaben erteilen, wie Klassenbuchbetreuung, an bestimmte Termine erinnern, Klassenkasse führen u. ä.
	über Mitschüler motivieren	• in den Unterricht aktiv einbinden, indem die guten Leistungen der Mitschüler als nachahmenswert hervorgehoben werden: „Klaus hat schon...und du schaffst das auch!“
	fordern, aktivieren	• viele Aufgaben zum selbstständigen Erarbeiten geben, um dadurch dem Zuviel an Phlegma und Desinteresse dieses Typs entgegenzuwirken • der Passivität dieses Typs entgegenwirken, indem er z.B. in Gesprächsrunden persönlich angesprochen wird • Hausaufgaben regelmäßig überprüfen und bei Vergessen konsequent sein • humorvoll, aber nicht ironisch oder zynisch, auf Versäumnisse aufmerksam machen
	auf klare Aufgabenverteilung in der Gruppenarbeit achten	• darauf achten, dass Gruppenmitglieder nicht ausgenutzt werden, indem z.B. jeder Schüler eine *eigene* Aufgabe erhält (keiner darf sich „drücken“)

Individueller Maßnahmenkatalog

______________________________ braucht zur Förderung der positiven Entwicklung vorrangig und tendenziell folgende Maßnahmen:

	1. Vereinbarung	2. Vereinbarung	3. Vereinbarung	4. Vereinbarung
1. Wichtige Unterrichtsbedingungen z. B.: gut vorbereitet sein, Interesse zeigen, Geduld nicht verlieren				
2. Maßnahmen, die in den Stärken unterstützen z. B.: nach Leistungsstärke differenzieren, anschaulich unterrichten, eigenständige Lösungswege zulassen, besondere Aufgaben erteilen (Klassenkasse o.ä.)				
3. Maßnahmen zum Ausgleichen von Schwächen z. B.: soziales Verhalten/Teamfähigkeit vermitteln, Umgangsregeln aufstellen und konsequent einfordern, aktiv in den Unterricht einbinden, Ausdauer stärken				

Evaluationsbogen

1. Schwerpunkt: Maßnahmen zur Stärkung

Einschätzung des Erfolgs der Teilmaßnahme

Teilmaßnahmen	sehr gut erreicht	gut erreicht	erreicht	kaum erreicht	nicht erreicht

2. Schwerpunkt: Maßnahmen zum Ausgleichen von Schwächen

Einschätzung des Erfolgs der Teilmaßnahme

Teilmaßnahmen	sehr gut erreicht	gut erreicht	erreicht	kaum erreicht	nicht erreicht

Eine weitere Kurzcharakteristik der vier Schülerverhaltenstypen

	Denktyp	Fühltyp	Tatentyp	Mitarbeitertyp
Beschreibung	rationales-analytisches Denken	ganzheitliches Denken	Interesse für alles Neue	teamorientierter, zuverlässiger Mitarbeiter
	konzentriert	besondere Interessen/ Sympathien	aktives Tätigsein (liebt jede Bewegung)	große Ausdauer und innere Ruhe
	ehrgeizig	kreativ, innovativ	schnell zu begeistern	ausgeglichen und beständig
	intellektuell leistungsstark	sozial engagiert, feinfühlig	fröhlich und beliebt	unkompliziert
	mitunter sehr überheblich	eigenwillig und wechselhaft	praktische Intelligenz	wenig Ehrgeiz
	überehrgeizig	sehr einseitig interessiert	keine Ausdauer	sehr bequem und schwer motivierbar
	kommt schlecht ins praktische Tun	arbeitet verbissen oder bricht ab	gedankenlos	lässt andere für sich tun
	geringe soziale Kompetenz		hält sich nicht an Regeln (stört)	
Lernverhalten	lernen durch strategisches Denken	lernen durch ein gefühlsmäßiges „Sich-Auseinandersetzen“	„learning by doing“	lernen durch das Vorbild anderer
Problemlösungsstrategie	durchdenken des Problems	Welche Gefühle löst das Problem aus?	Problemlösungen einfach durchprobieren	Die Probleme mit anderen gemeinsam lösen oder sie von anderen lösen lassen
	arbeitet konzentriert und zielorientiert	arbeitet verbissen, aber nicht kontinuierlich	arbeitet zügig, aber mitunter „kopflos“	arbeitet ausdauernd, *wenn* er ins Tun gekommen ist
	legt Wert auf gute Noten	sucht eigene Lösungswege	liebt schnell Erfolgserlebnisse	
Gefahren einseitiger Lernstrategie	intellektualisiert und rationalisiert (ignoriert Gefühle)	trifft Entscheidungen von der Gefühlsebene aus, neigt zu emotionalen Überbewertungen	trifft zu schnell Entscheidungen, handelt zu spontan (lernt nicht immer aus seinen Fehlern)	verliert wichtige Arbeitsanweisungen oder Informationen aus dem Blick
	Denkanstöße und Ausgleich durch andere fehlen, zaudert vor dem Handeln	durch unnötige Isolation fehlt oft der Ausgleich durch andere	verärgert andere durch unstete Mitarbeit (unzuverlässig)	nutzt die Zusammenarbeit für sich und sein Phlegma aus

Literaturverzeichnis

Arbeitsgruppe Steiermark (Hrsg.): EFQM in der Schule: Ein Online-Handbuch zur Entwicklung von Schulen/Hochschulen nach dem Modell der European-Foundation for Quality-Management (EFQM). **Gefördert durch die Kommission der Europäischen Union und der Arbeitsgruppe Steiermark 1995 (Print)/2001 (Online), LSR – Landesschulrat für Steiermark, in:** http://lmz.bildung-rp.de/aktuelles/EFQM-Schulen.htm Hier finden sich zahlreiche interessante Arbeitsfelder für Profilbildungsprozesse von Schulen, die über zentrale Kriterien erschließbar werden – u. a. auch zum Thema Unterrichtsdidaktik und „Kundenzufriedenheit" der Schüler.

Arnold, Ellen: **Jetzt versteh' ich das, Verlag an der Ruhr, 2000.** Bessere Lernerfolge durch Förderung der verschiedenen Lerntypen. Dieses Buch enthält Diagnose-Hilfen und praktische Lernstrategien für die unterschiedlichen Lerntypen.

Bauer, Joachim: **Lob der Schule. Sieben Perspektiven für Schüler, Lehrer und Eltern. Hoffmann und Campe, 2007. Heyne-Verlag 2009**. „Wer in Schülern Motivation und Lust am Lernen wecken will, muss gelingende Beziehungen mit ihnen gestalten können."

Bauer, Joachim: **Spiegelung als Kern der pädagogischen Beziehung: Die Schule aus dem Blickwinkel der Hirnforschung. Bund der Freien Waldorfschulen e.V., Stuttgart 2009**. In: Bund der Freien Waldorfschulen, Jubiläums-Berichtsheft 2009, 90 Jahre Zukunft. *„Überall dort, wo wir aggressivem Verhalten von Schülern entgegentreten müssen, sollten wir ... die Betroffenen nicht demütigen, sondern etwas gegen ihre soziale Ausgrenzung oder Bindungslosigkeit tun, die oft den Hintergrund aggressiven Verhaltens bilden."*

Bechert, Ruth: **Was im Kopf passiert, Gedankensprung-Verlag Ruth Bechert, Haigerloch 2008**. Die Art und Weise, wie wir denken, gleicht einem Fingerabdruck: Keine zwei Menschen denken genau gleich. Dieses Buch gibt Hinweise, wie man das Lernen für jeden Lerntyp optimieren kann.

Bessoth, Richard: **Der Nachweis guter Arbeit: Neue Ziele und Wege in der Leistungsbeurteilung**, in: Pädagogische Führung 3/2001, S. 117 – 122: Ausgehend von seiner Unterscheidung zwischen formativer und summativer Beurteilung schlägt B. vor, dass der Lehrer den Schulleiter dann zu einem Unterrichtsbesuch einlädt, wenn dieser glaubt, er habe die vereinbarte neue Anforderungslinie erreicht, also gute Arbeit nachgewiesen.

Birkenbihl, Vera: **Stichwort Schule: trotz Schule lernen, Landsberg am Lech 1999**. *„Lernen ist nur dann schwierig oder langweilig, wenn die Arbeitsweise des Gehirns nicht berücksichtigt wird (was leider in der Schule recht häufig der Fall ist)."* Das Buch gibt viele praktische Hilfestellungen, die sich vorwiegend auf Kinder im Grundschulalter beziehen.

Dies.: **Signale des Körpers: Körpersprache verstehen, Landsberg am Lech 1999**. Das Buch schult die Wahrnehmung körpersprachlicher Signale anhand zahlreicher Übungen: Besseres Einfühlungsvermögen, mehr Verständnis für das eigene Denken und Handeln und für die Situation anderer.

Dies: **Stroh im Kopf? Gebrauchsanleitung fürs Gehirn, Bergisch-Gladbach 1997**. Vom Gehirn-Besitzer zum Gehirn-Benutzer. *„Wer gehirngerecht sieht, hört und liest, kann sich Wesentliches mühelos merken* [...] *Konzentrationsblockaden beim Lesen und Lernen sind Beweis für eine schlechte Nutzung des Gehirns."* Dieses Buch gibt wichtige Hinweise für ein gehirngerechtes Denken.

Deutsches Pisa-Konsortium (Hrsg.): **Pisa 2000. Basiskompetenzen von Schülerinnen und Schülern im internationalen Vergleich, Opladen 2001**. Dieses grundlegende Kompendium beinhaltet auch die Forschungsansätze, die eben nicht den einzelnen Schüler im Mittelpunkt sehen.

Eberle, Walter/Hartwich, Erwin: **Brennpunkt Führungspotential. Edition Blickpunkt Wirtschaft, Frankfurt/Main 1995**. Für unseren Zusammenhang wichtig ist die Rolle der Berufszufriedenheit in Verbindung mit den Möglichkeiten der Selbstmotivation. Wichtig an diesem Buch ist auch ihr Blick auf die Stärken des Menschen.

Freed, Jeffrey/Parsons Laurie: **Zappelphilipp und Störenfrieda lernen anders, Weinheim, Basel 2001**. Der bekannte Kindertherapeut Jeffrey Freed entwickelt spezielle Übungsprogramme, mit deren Hilfe dem besonderen Lernstil „hyperaktiver" Kinder begegnet werden kann.

Hanke, Barbara/Huber, Günter/Mandl, Heinz: **Aggressiv und unaufmerksam, München, Berlin, Wien 1976**. Die Aufgaben des Lehrers bei Schulschwierigkeiten ihrer Schüler. Erklärungsmodelle und Handlungsmöglichkeiten. Fallbeispiele.

Hartmann, Thom: **Eine andere Art, die Welt zu sehen, Lübeck, Berlin, Essen, Wiesbaden 2001**. Das Aufmerksamkeits-Defizit-Syndrom *(„ADD – Attention Deficit Disorder")*. Eine praktische Lebenshilfe für aufmerksamkeitsgestörte Kinder und Jugendliche. Der Autor veranschaulicht, dass ADD durchaus mit Kreativität, Leistungsfähigkeit und Anpassungskraft assoziierbar ist.

Hensel, Horst: **Die neuen Kinder und die Erosion der alten Schule. AOL-Lexika Verlag, 1995**. Dieses Essay zur inneren Schulreform befasst sich u.a. mit der Sicherung der Schulfähigkeit durch nachholende Sozialerziehung und der Entwicklung der Arbeitshaltung. Es stellt Erziehungskonzepte und -techniken vor, diskutiert die Frage von *„Schule als soziale Anstalt"* und arbeitet interessante Reformperspektiven heraus.

Jaenicke, Hans-Friedbert: **Kinder mit Entwicklungsstörungen, Verlag Freies Geistesleben, Stuttgart 1996**. Gibt einen Überblick über die verschiedenen Formen von Entwicklungsstörungen und stellt schulische Lösungen vor.

Jost, Monika: **Hochbegabte erkennen und begleiten, Universum-Verlagsanstalt, Wiesbaden 2003**. Was können Lehrerinnen und Lehrer tun, um Hochbegabte zu erkennen und sinnvoll zu fördern? Checklisten und Fragebögen geben Hilfestellung für alle, die über die Hochbegabung eines Kindes urteilen sollen.
Umfangreiche Literaturangaben beinhalten gute Hinweise für Unterrichtsmaterialien und Unterrichtsvorschläge.

Keller, Gustav/Hafner, Karlo: **Soziales Lernen will gelernt sein, Auer-Verlag, Donauwörth 1999**. Wie kann die Schule, wie kann die Familie auf die zunehmenden Wert- und Verhaltensdefizite bei Kindern und Jugendlichen reagieren? Die beiden Autoren geben eine Vielzahl von konkreten Anregungen und Anleitungen.

Klippert, Heinz: **Pädagogische Schulentwicklung, Weinheim/Basel 2000**. Beschreibt seine spiralförmigen Ansätze u.a. des Methodentrainings als Teil der unterrichtsbezogenen Schulentwicklung durch verschiedene Trainingsspiralen, die über schulinterne Lehrerfortbildung kollegial erarbeitet werden.

Luszczynski, Hubert: **Professionelle Personalführung in der Schule. Plädoyer für ein motivierendes Instrument im erfolgreichen Qualitätsmanagement**, in: SchulVerwaltung MO, Nr. 4/2000, S. 131 – 134. Der Autor plädiert für eine bewusste Wahrnehmung der Fähigkeiten, Motive und

Ziele eines jeden Lehrers durch systematische Mitarbeiterjahresgespräche, welche Zielvereinbarungen enthalten und für beide Seiten ein motivierendes Miteinander ermöglichen.

Luszczynski, Hubert/Riebisch, Roswitha: **Lehrerpersönlichkeit und Lernerfolg**, in: SchulVerwaltung 1/2008, Hessen, Rheinland Pfalz, LinkLuchterhand Verlag

Neuhaus, Cordula: **Hyperaktive Jugendliche und ihre Probleme, Erwachsen werden mit ADS, Berlin 2000**. Aus großer praktischer Erfahrung ist dieser Ratgeber für Eltern und Erzieher entstanden. Er stellt alle Formen von ADS/ADHS vor, beschreibt die Ursachen, gibt eine Fülle praktischer Hilfestellungen und informiert über Therapieansätze.

Noer, David M.: **Die vier Lerntypen, Reaktionen auf Veränderungen im Unternehmen, Stuttgart 1998**: *„Mitarbeitern wird dieses Buch dazu dienen, sich selbst und ihre Kollegen besser kennen zu lernen, und Führungskräfte werden daraus lernen, wie sie mit unterschiedlichen Lerntypen in ihrer Organisation umgehen können“.* (Klappentext)

Olweus, Dan: **Gewalt in der Schule. Was Lehrer und Eltern wissen sollten – und tun können, Bern 1995**. Mit seinem Interventionsmodell gibt er Lehrern und interessierten Eltern viele praktische Ratschläge, wie sie an ihrer Schule etwas anstoßen und bewegen können.

Riebisch, Roswitha/Luszczynski, Hubert: **Wer ist Stefan?**, in: SchulVerwaltung Juni 2005, Bayern, Wolters Kluwer Deutschland

Rodewig, Roswitha: **Was tun wir für das hochbegabte Kind**, in: Medizinisch-Pädagogische Konferenz, Stuttgart, 16/2001.

Roth, Gerhard: **Fühlen, Denken, Handeln. Wie das Gehirn unser Verhalten steuert, Frankfurt a. M. 2000**. Dargestellt wird, wie Gefühle im Gehirn enstehen und wie sie unser Denken, Erinnern und Handeln beeinflussen.

Singer, Kurt: **Die Würde des Schülers ist antastbar, Rowohlt-Verlag, Hamburg 1999**. Dieses Buch handelt von sogenannten Einzelfällen, die sich zu einem Bild verdichten und in denen Schule für Schülerinnen und Schüler zum Schicksal wird. Immer wieder beklagen Kinder und Jugendliche ihre Ohnmacht gegenüber *„schwierigen“* Lehrern.

Struck, Peter: **Die 15 Gebote des Lernens, Primus-Verlag, Darmstadt 2008**. *„Einsame Lehrer bringen nicht so viel zustande wie Lehrer im Team.“ „Gelassene Lehrer erreichen mehr als strenge oder gestresste.“* Der Erziehungsexperte setzt sich mit den Ergebnissen der aktuellen Bildungsstudien auseinander.

Tausch, Anne-Marie und Reinhard, in: Tiedemann, Joachim: **Leistungsversagen in der Schule, München 1985**.

Vester, Frederic: **Denken, Lernen, Vergessen. Deutscher Taschenbuch Verlag, München 1999**. Was geht in unserem Kopf vor, wie lernt das Gehirn, und wann lässt es uns im Stich?

Die Autoren

Roswitha Riebisch

Jahrgang 1955, Studium in den Fächern Mathematik und Sport für das Lehramt in Bonn und Hannover, Lehrertätigkeit als Klassen- und Fachlehrerin in Berlin.
Seit 1991 pädagogisch-therapeutische Tätigkeit an der Rudolf-Steiner-Schule Mittelrhein in Neuwied; verantwortlich für den Bereich Aufnahme von neuen Schülern (unter dem Gesichtspunkt der Zusammenstellung harmonischer Klassenverbände) und für den Bereich Förderung (Schülereinzel- und Gruppenwahrnehmung, Unterrichtshospitationen, methodisch-didaktische Hilfestellungen für Klassen- und Fachlehrer, individuelle Förderung, Erziehungsberatung); 1994-96 berufsbegleitendes Studium der Heilpädagogik (Diagnostik, Methodik, Therapieansätze); seit 2005 Durchführung von Seminaren zum Thema „Individuelle Förderung mit Hilfe von Typendiagnose" als Referentin für das Institut für Lehrerfort- und -weiterbildung in Mainz (ILF); seit 2007 Mitglied des Schulführungsteams.

Hubert Luszczynski

Jahrgang 1948, Studium der Politikwissenschaft, Geschichte und Geografie für das Lehramt an Gymnasien an der Johannes-Gutenberg-Universität in Mainz.
Lehrer an verschiedenen Gymnasien, 1978-1991 nebenamtlicher Dozent für politische Bildung am Zentrum Innere Führung in Koblenz, 1979-81 pers. Referent des Ersten Staatssekretärs im Mainzer Kultusministerium, 1987-90 zweiter stv. Schulleiter, seit 1990 als Ltd. Regierungsschuldirektor Referent für Gymnasien, Gesamtschulen und Kollegs bei der Aufsichts- und Dienstleistungsdirektion Trier, Außenstelle Koblenz – im Übrigen: Leiter verschiedener Lehrerfortbildungsveranstaltungen und Autor verschiedener Aufsätze zu Themen wie Personalentwicklung, Partnerschaftliche Schulkultur, Schulmarketing und Qualitätsmanagement an Schulen.